传媒实操小红书

不可不知的采编小技巧

传媒茶话会 / 主编

人民日报出版社
北京

图书在版编目（CIP）数据

传媒实操小红书——不可不知的采编小技巧/传媒茶话会主编.—北京：人民日报出版社，2023.1
（传媒实操小红书）
ISBN 978-7-5115-7606-4

Ⅰ.①不… Ⅱ.①传… Ⅲ.①电子商务—运营管理—文集 Ⅳ.① F713.365.1-53

中国版本图书馆CIP数据核字（2022）第234299号

书　　名：传媒实操小红书——不可不知的采编小技巧
　　　　　CHUANMEI SHICAO XIAOHONGSHU—BUKE BUZHI DE CAIBIAN XIAO JIQIAO
主　　编：传媒茶话会

出 版 人：刘华新
责任编辑：林　薇　梁雪云　葛　倩
版面设计：九章文化

出版发行：人民日报出版社
社　　址：北京金台西路2号
邮政编码：100733
发行热线：（010）65369509　65369527　65369846　65369512
邮购热线：（010）65369530　65363527
编辑热线：（010）65369526　65363486
网　　址：www.peopledailypress.com
经　　销：新华书店
印　　刷：北京博海升彩色印刷有限公司
法律顾问：北京科宇律师事务所　（010）83622312

开　　本：880mm×1230mm　1/32
字　　数：171千字
印　　张：8.5
版次印次：2023年5月第1版　2023年7月第2次印刷

书　　号：ISBN 978-7-5115-7606-4
定　　价：48.00元

本书编委会

主　　　编：刘灿国
常务副主编：刘　娟
副　主　编：陈　莹　李　磊　宋园园　喻楷钧
　　　　　　叶　莉　汪　威　刘　莉　张　璇
编　　　辑：李光却卓玛　葛　畅　韦佳利　朱诗杰
　　　　　　黄云程　王　琪　姜家萱　金　鑫　刘　勇

序一　新闻人三笔写好"大"字

翟惠生
中国记协原党组书记、常务副主席

我常常关注着传媒茶话会，也是传媒茶话会成长道路上的见证者，所以当我得知传媒茶话会要把文章汇集成册由人民日报出版社出一套书并请我作序时，我欣然应允。

在我的印象里，传媒茶话会的选题和文章在同类传媒研究公众号里独树一帜，它毫不动摇地坚持党性原则，贴近新闻界的实际、贴近社会实践、贴近人民群众，而这几个贴近也体现出了它的主流价值观——预见、权威、影响。

拿到书稿后，翻阅了这本书的目录，从中我看到了传媒茶话会对媒体当下面临的疑惑的精准洞悉和感同身受。传媒茶话会试图用这三册书，帮助新闻人写好"大"字——成为一名大展拳脚、顶天立地的媒体人。

国庆、建党百年宣传报道要注意哪些问题？两会报道规范用语、常见差错有哪些？……都说捉蛇要拿七寸，传媒茶话会的这些文章真是把准了媒体人的脉。

《传媒实操小红书·不能不说的避雷小建议》就是"大

字的第一笔,这一横是媒体的根。新闻报道是政治性很强的业务工作,又是业务性很强的政治工作,尤其是涉及重大时政议题的内容,不能犯丁点儿差错。它们就像是一把悬在媒体人头顶的达摩克利斯之剑,让人战战兢兢,如履薄冰。最常见的例子,每年的两会,"两会"一词加不加双引号?全国人大代表提的是"议案"还是"提案"?全国政协委员是"讨论政府工作报告"还是"审议政府工作报告"?政协委员是"界别"还是"届别"?……类似这样的问题,对于初入新闻行业的人来说,想要分清楚有一定难度。这册书深入浅出,让读者不仅知其然而且知其所以然,工具性、实操性非常强,是媒体人案头不可或缺的一本工具书。

"大"字去掉一横,就是个"人"字,一撇一捺,相互支撑、相互倚仗,这个人才能立起来。对于新闻从业者来说,要想成为一个顶天立地的新闻人,还得靠一篇篇扎实的作品说话。而扎实两个字的具体体现,我认为在于真实、客观、专业的报道,以及作品所产生的巨大的社会影响力。

真实、客观、专业的报道是"人"字的"撇",坚持新闻专业精神写出来的报道,是追求社会影响力的前提。如何让新闻专业精神更贴近新闻实操工作,而不是教材上干瘪的理论?如何在理论与实践中找到平衡点?老实说,一个没几个人在传统媒体干过活的传媒研究公众号想在一群传媒老炮面前说三道四指点业务,没有点真功夫是无法服众的。

2022年6月10日,唐山某烧烤店发生一起寻衅滋事、暴力殴打他人案件。某家媒体一篇新闻报道因为表述不当引发了公众的反感，批评的声音很大。在很多自媒体都忙着跟着骂媒体的时候，传媒茶话会一篇《唐山打人事件是女性的噩梦，报道缺乏正确价值观是公众的噩梦》横空出世，文章一针见血地指出了这篇报道之所以引发争议，表面上看是措辞不当，实际上是记者编辑缺乏基本的价值观，陷入了绝对的新闻客观主义的"窠臼"中。

除了指出媒体的得失，《传媒实操小红书·不可不知的采编小技巧》还在如何写好新闻消息、评论、深度报道等方面，提供了一些有益的参考。

"人"字的另一笔，是"捺"，新闻人要想真正立足行业，还是得有响当当的作品。在新媒体时代，阅读量不仅是媒体人的KPI考核指标，也是评价一篇报道、一个作品是不是爆款最直观的指标。媒体人对阅读量的追逐就像是传统媒体时代对发行量的追逐，阅读量在一定程度上就是影响力。

爆款选题长什么样？命题作文如何做出爆款？时政稿件如何做到年轻人催更？如何运营出一个爆款不断的新媒体账号？《传媒实操小红书·不容错过的爆款小经验》的一个个话题似乎把媒体人的想法揣摩透了，专门"投其所好"，从具体案例着手，拆解流量密码，提炼了众多可推广的实践经验。

合上书稿，我看到了传媒茶话会对新闻工作的热爱和对新闻从业者的感同身受，正如它从创办之初就始终在为如何让媒体人活得更有尊严而努力。

2020年新冠肺炎疫情发生，湖北省武汉市成为重灾区，为了把武汉的实际情况报道给公众，面对情形不明的病毒，无数新闻工作者毅然逆行至武汉，物资紧缺，很多媒体人都缺乏防护物资。了解到这一情况后，传媒茶话会在大年初一毅然发起了"疫情报道者援助项目"，共筹集善款2764000元，早期从海外购买防护物资援助一线记者，后期将剩下的270多万元资金以关爱金的形式，按照人均100元/天的标准，发放给450位"逆行"湖北的新闻工作者。

2021年，了解到很多媒体人因为长期值夜班给身体造成了一定的影响，传媒茶话会又联合中国光华科技基金会发起了"夜班媒体人援助项目"，为新闻单位免费配备"心脏除颤仪"（AED），并向援助对象发放1万—30万元不等的援助金。2021年，向37位夜班媒体人发放了150万元的援助金。并且，这个项目还将持续办下去。

守正笃实，久久为功。作为一个小小的公众号，传媒茶话会自身并不富有，近两年来才勉强实现收支平衡，而在此之前的三年里，是他们咬着牙投入真金白银，不仅养着一支专业的团队做内容，还为媒体人做了不少公益，个中艰辛我想只有他们团队自己清楚。好在，功夫不负有心人，现在在我的微信朋友圈，我注意到有越来越多的媒体人会分享传媒茶话会的文章，在一些媒体业务交流群里，大家还会就某篇文章展开讨论。推动媒体人对新闻业务的研习，我个人认为是非常有益的。而这三本书，既是传媒茶话会六年的积淀，也将会是媒体人离不开的工具书。

序二　新闻这杯茶

米博华
人民日报社原副总编辑

刘灿国同志嘱我为传媒茶话会编写的"传媒实操小红书"系列（三册）写点介绍性文字。浏览书稿，会心一笑，心想，传媒茶话会确是道中之人："采编小技巧""避雷小建议""爆款小经验"多是记者编辑的"随身用"。这几款茶，有色有香有味有型，啜苦咽甘，提神醒脑。

不敢说懂茶，却也十分热衷：一是曾受人民日报委托，做过几届中国新闻奖评委会副主任委员，对其发展脉络还算熟悉；二是办报上夜班近十年，处理各种繁重编务，经验和教训都不少；三是近期正撰写新媒体评论教材，收集了不少案例，对"爆款"很有兴趣。上述三册书稿所涉内容，既是重温，也是学习，犹如得闲煎茶，新火试茶，"无由持一碗，寄与爱茶人"。

书中所选案例和评述解读，准确、精到、专业，应该对读者多有启迪。这里，结合自己的新闻工作实践做些补充，但愿对读者有些许助益。

传媒实操小红书·
不可不知的采编小技巧

中国新闻奖——获得中国新闻奖，对从业人员无疑是莫大荣誉。这个奖是中宣部批准、中国记协主办的全国最高新闻奖项。对于地方和单位特别是个人，获得中国新闻奖是对工作的高度肯定。正如长江韬奋奖的获得者，相当多的是名记者、名编辑，不少日后成为新闻单位的领导。所以，报送单位和作者本人都格外看重，竞争也十分激烈。

正因如此，评奖条件相当严格，获奖因素也比较复杂。首先是，政治上必须合格，这是前提。我参评多届，回想起来，因舆论导向不妥或错误的，似乎极少见过；说明报送单位对舆论导向把关、审核很严。这无须多说。

中国新闻奖，当然要面向全国，统筹全局。报纸、广播、电视、网络等各类媒体，通讯、消息、评论等各种体裁，重大活动、主题报道、突发事件、社会生活等各种题材，都需要统筹考虑。还有，中央新闻单位和地方新闻单位，党媒和都市类媒体，军队和地方，东部、中部和西部等都需要综合平衡。所以，一篇作品能否获奖，获哪类奖，涉及因素很多。

评奖很难做到绝对公平。大省市和中央新闻单位，相对来说新闻资源比较丰富，容易出好作品。如，有些国家重大新闻报道，并非所有新闻单位都有机会采访；而有些边疆地区，记者跑上十天半个月，也未必能采访到高价值的新闻。有些大型政论，改写个十遍八遍，实属正常；而有些精彩的新闻照片，碰上了就是机会。采访成本和创作难度不一样，这也是显而易见的。

在我印象中，每次评奖大多能达成这样的共识，既要坚持高标准严要求，也要从实际出发，具体情况具体分析。评上的必须够格，不够格的不能被评上，这是原则。获奖的应该是比较优秀的作品，但同时，没被评上的未必不优秀，这也不无遗憾。

中国新闻奖，是对当下中国新闻事业发展的全面展示，其导向、示范意义十分重要；同时也是对新闻工作者的个人工作成就的表彰。如前所述，获得中国新闻奖，对单位和个人当然是一种肯定，但也并不意味着这是优秀的唯一标准。对新闻工作者来说，担当社会责任，履行记者职责，潜心研究业务，不断提高本领，才是新闻工作者的本分。获奖则是这种努力可能得到的结果。努力和结果都很有意义，都值得尊重。

"避雷"建议——熟练使用中国的语言文字，规范表述，准确表达，是采编人员和各类媒体的职责，也是提升全社会文明水平的一项重要建设。我做新闻工作多年，采编难以计数的稿件，但有一件事吹不起牛，就是写稿依然有错字别字，读稿依然念错音，个别字甚至根本就不认识。新闻报道，涉及太多方面内容，常用汉字有数千之多，无所不知，几乎是不可能的。直到今天，我仍然保持一种习惯，随身带上一本《新华字典》，桌上放一本《成语大词典》。不懂就翻，有疑就查。咬文嚼字，这应该是文字工作者的一种职业"嗜好"。

"小红书"所说的"不可不知"，确是采编工作"避雷"指南，但不应仅被看作一般意义的检校工作。我上夜班的体会，多半不规范的表述和不准确的表达，第一责任人是记者。绝大多数的事实错误均来自原稿。比如把"张三"写成"李四",很多时候是检校无法识别的;把"副总经理"写成"总经理",也常常无法检查出来。而作为主流媒体,报道出现哪怕是技术性疏漏,对当事人或对被报道单位,都会造成很大麻烦。所以,我们在采编工作中反复强调,不要因技术性失误导致政治上被动。应记住,误读、误解、误会,有时会造成难以挽回的损失,太不值得却又追悔莫及。

近些年来,中国新闻奖评委会增加了技术审核专门委员会,对字数要求、文法规范、标点使用等,采取更为严格的要求,不论任何人、任何报道,不达标或有错误,一票否决。有些非常好的作品,就是因为技术性差错而被否决,很可惜。也正因如此,主流媒体如人民日报、新华社都十分重视采编技术把关,信源真实可靠,表述规范准确,大可放心采用、引用。这本"小红书"所提"避雷"建议,大多是主流媒体多年总结的经验,价值很高。

当然,我翻看这本"小红书"依然收获很多,因为有些文字的提法、用法,我过去从未留意,也是第一次看到。说明,做人做事还是别那么自以为是的好。"人生有涯而知无涯",至理也。

"爆款"怎样炼成——"爆款",这无疑是三册书中最具挑战性的实战评述,大约可以算作一部教材。

我们国家新闻学水平不低。赓续党革命建设改革以来形成的宣传工作优良传统和丰富经验,中国特色社会主义新闻理论有着完整的体系。相对而言,传播学则比较薄弱,这与我们长期重宣传、轻传播的思维模式有关。从某种意义上说,这正是主流媒体在传播能力方面比较薄弱的原因所在。"小红书"第三册所举案例和所做分析，有些聚焦的是主流媒体平台，有些研究的是专业记者公众号。而有些则是自媒体的成功案例，尤其有参考价值，值得我们深入思考：我们的新闻资源、专业能力、发布平台，条件优越，但为什么费了老劲做出的产品，受众不稀罕、不喜欢，问题出在哪儿？当今做媒体，不把这事弄清楚、说明白，有时往往事倍功半，忙而无用。

这里说的"爆款"是指门户网站和各类平台刊发的具有广泛影响、巨大流量的报道与评论，其中不少是自媒体开的大号。但有些主流媒体的公众号和短视频号，也做得非常成功。如"侠客岛"（人民日报）、"牛弹琴"（新华社）、"青蜂侠"（中国青年报）、"玉渊谭天"（央视）等，消息来源可靠，评述准确精当，是主题宣传和官方声音的有力补充。据我所知，举凡发生重大新闻，推出上"10万+""爆款"的，多系这些专业媒体机构。

自媒体这些年风生水起，有些有主流媒体和科研院所背景的"大V"，担纲流量，一呼百应，好生了得，这个不必多说。需要强调的是，重视流量、推陈出新，策划"爆款"、占领先机，这没有问题，但不能为流量而流量，能吸睛而没价值。新闻报道，添枝加叶；新闻时评，耸人听闻。这些年多次出现为"爆款"而制造假新闻，这种现象值得注意；特别是敌对势力透过"爆款"，操控议题、暗带节奏，这方面问题应引起高度警觉。

传媒茶话会是媒体人联谊的平台、交流的窗口、研讨的沙龙。很多新闻界同行相识于传媒茶话会，很多老同事重逢于传媒茶话会，以茶会友，十分开心。疫情期间，不少同行"禁足"在家，多亏传媒茶话会，使新老朋友有个地方聚聚、聊聊、侃侃，而其间还经常刊发一些专业论文和编采信息，让人大呼过瘾。新闻这杯茶，大家喝了一辈子，然而新茶上市，我们还是年年都有品茗的兴味。

是为序。

序三　开门好传统，兴报又旺号

顾勇华

中国记协原党组成员、书记处书记 | 人民日报社高级编辑

微信公众号传媒茶话会是服务媒体的新型传播方式。创办六年以来，推出一篇又一篇深受读者喜爱的文章。此次更是应读者吁请而不是因自身宣传之需，精选三组文字结集出版，这在微信传播史上是一件并不多见的值得称道的事情。

公众号创办人、中国经济媒体协会刘灿国副会长嘱我为这套书写个序。我写不了这个序，因为我对微信公众号传播规律的研究还不够深入透辟。但是，我愿意根据对传媒茶话会诞生以来编辑部业务的了解，以及对公众号传播特色的认知，提供些许材料请大家参考。

作为新的媒体传播方式，传媒茶话会创办之初就明确了对党报优良传统的继承和发扬。其中，最为成功的是"开门办号"。开门办报是党报最具特色的传统，在历史上发挥了重大作用，20世纪90年代开始有所弱化，多因认为新媒体不需要。但是，实践证明新媒体同样离不开开门办报。没有这一条，媒体融合就难以推进。2020年9月底，中办、国办印发的《关于

加快推进媒体深度融合发展的意见》明确提出，要走好全媒体时代群众路线，大兴开门办报之风。而此时，传媒茶话会"开门办号"已经三年多了。

"开门办号"的基本方式，就是话题从媒体来，因而十分切合实际；解题对策从媒体来，因而能够很好地满足大家思考问题的方向定位；公众号与媒体往复对话，因而有效深化了主题。此次结集出版的话题涉及中国新闻奖。这个奖虽然不是国家奖励，却是行业最高最权威的奖项，为大家所看重。怎样才能获奖，其实是个难题。公众号要言不烦，抓住重点要点，明晰而简洁，很是难得。报道重大事件要规避哪些问题，是公众号一大特色，受到重视不言自明。采写经验，则是"开门办号"最直接的表达方式，也为更多编辑记者的经验共享开辟了通道。

优良传统的继承与发扬光大，使传媒茶话会初步做到了捕捉话题快人一步，切入话题新人一层，议论话题高人一等。这个特点也渐成自己的编辑方针。

传媒茶话会在服务对象心目中，初步形成了不可取代的威信。这主要是，遇有重大话题，想听听公众号说了什么。同时，在"开门办号"中传媒茶话会也形成了自己的话语风格，这是一个趋向成熟的公众号的标志。比如，坚决反对标题党，从而生产了一个又一个好标题；又如，针对不同内容，力求话语与内容匹配，这就需要编辑的业务娴熟，以及对内容的理解深刻。

传媒茶话会能引起多方面关注，是因为公众号在编辑业务、运营业务、媒体公益方面,有一支非常优秀的队伍。这支队伍年轻,却老到;是互联网一代,却对报、台传播规律的认知独到。

奉献给读者的是三本小书,但是,为媒体融合发展的未来走向,提供了可以研究的经验,很有意义。

目 录
CONTENTS

第一辑　你就是下一位中国新闻奖得主

攻略：一篇作品怎么去获得中国新闻奖？ 003
　　提前生产人无我有的作品 003
　　了解自己的报奖资格 005
　　通过以下途径报送 006

一次获两个中国新闻奖一等奖，这位记者为什么行？ 010
　　"我是改革中的一朵浪花" 011
　　选题是好新闻的命脉 012
　　"硬"新闻背景中找好小切口 013
　　记者本身要够"硬" 014

行业新闻如何写出彩？中国新闻奖一等奖得主说的都是干货！ 017
　　做好行业新闻报道，选题策划是关键！ 018

同题竞争，专业性让报道视角与众不同　　　　　　　019
　　行业记者要写好行业新闻，关键在于了解行业　　　020
　　采访要"三不怕"：不怕费劲，不怕跑腿，不怕受挫　　021
　　提问要掌握好分寸感，或直指事实真相，或直入采访
　　　对象心扉　　　　　　　　　　　　　　　　　　022

中国新闻奖评委揭秘！这7个版面为啥能获奖？　　025
　　创新、创意、突破陈规　力求形神合一　　　　　　026
　　重彩、大图、活用图表　强化视觉体验　　　　　　028
　　素描、写意、匠心呈现　凸显收藏价值　　　　　　032

得奖难！市、县级媒体如何斩获中国新闻奖？　　　037
　　四招扬长避短　　　　　　　　　　　　　　　　　038

巧用倒金字塔结构，你就是下一位中国新闻奖得主！　044
　　导语：用场景、观点点亮读者的眼睛　　　　　　　044
　　主体：添加细节，按新闻价值递减原则放置　　　　047
　　结尾：可"虎头蛇尾"，亦可夹叙夹议升华主题　　　049

第二辑　好稿是怎样"修炼"成的？

何为镇版报道？记者采写气质应当如何养成？　　　055
　　自媒体时代，主流媒体还需要"镇版报道"吗？　　055
　　主流担当，这是记者的天职　　　　　　　　　　　057
　　有为民情怀，才能接地气、感动人　　　　　　　　058
　　"四力"锤炼，需练就过人功夫　　　　　　　　　　059
　　诗意表达，记者新闻写作的境界追求　　　　　　　061

目录

如何写好新闻评论？有刀锋、讲逻辑、有增量   062
    找选题就像厨师选食材   062
    立论要有"刀锋"   064
    没有逻辑支持的观点是坏观点   066
    论据要有增量价值   068

光明日报资深记者：写有温度的新闻，讲有灵魂的故事！   071
    接"地气"，迈开脚才能有灵气   072
    有眼力，一定要能发现平凡中的伟大   073
    有脑力，就是会思考   075
    笔力，关键在于有真感情   076
    用心是"四力"的根本   077

90后记者将"命题作文"写进语文课本！她怎么做到的？   080
    挖掘人物行为的驱动力，切忌写成空中楼阁   080
    提炼新概念，写读者爱看的   083
    克制情感，描述事实拒绝煽情   084

稿子写好后咋修改？四招改稿方法媒体人快收藏！   088
    改稿：洗掉"萝卜"上的"泥"   088
    四招改稿：删、加、读、放   090

中国新闻奖消息类一等奖点评｜努力让新闻变得重要起来   095
    新闻价值判断，首先要体现站位和视野   096
    让新闻变得重要起来，需要不断创新叙事模式   097

中国新闻奖文字评论一等奖点评｜评论的价值在于问题意识   103
    "问号"是评论者当有的表情符号   104
    新闻评论不能做舆论的"应声虫"   105

评论要讲表达效率，也要讲文本价值	106

中国新闻奖文字通讯与深度报道类一等奖点评 | 千古文章意为高   111
    立意有深度   112
    行文有层次   112
    情感有起伏   113

中国新闻奖副刊作品一等奖点评 | 典型人物报道要唯"实"   120
    细节唯"实"   121
    情感唯"实"   122
    境界唯"实"   123

第三辑 给媒体人提个醒

警惕！新闻插图别出错，一不留神被骂成下一个人教社   141
    新闻插图为啥出错？   142
    新闻插图怎么审？审什么？   143
    新闻插图的4个防差错锦囊   145

调3碗火锅小料要曝光！节粮报道谨防"低级红"   148

天天写"日前"误导公众，就不怕没日后呀？   153

杭州马某被抓？使用化名要避免误解、猜测   158

"日前"体终于"翻车"了   161

《江苏省长，再赴南京"督战"》引热议，"赴"用错了吗？   165
    涉时政新闻通稿注意这些问题   168

刘某州悲剧反思：新闻报道如何保护未成年人？ 171
主流媒体不应成为网暴的源头 172
涉及未成年人报道，媒体应注意这些问题 173

郑州"毒王"致上万人感染？新闻报道别乱贴标签！ 178

头条是"院士逝世"，二条是"手舞足蹈"？新媒体该抓抓版面语言啦！ 183

新媒体时代，"三审三校"需注意这些问题！ 188
新闻三审是什么？ 188
新闻三审审什么？ 189
新闻三审怎么审？ 193
出错了怎么办？ 194

传统媒体的新媒体莫学坏样，做标题别奔下三路！ 196
主流新媒体自甘堕落为哪般？ 197
做标题党不仅是自断生路，更是主流媒体的末路 198
不做"标题党"，只做好标题 199

防汛救灾报道应避免哪些差错？编校实务手册来了！ 202

24条疫情报道建议，媒体人快收藏！ 208
八大重点议题 208
八大注意事项 211
八大传播方法及技巧 214
三点建议 215

"鼠疫"引恐慌，如何报道好突发公共卫生事件？ 217
走到现场，快速出击 218

发布权威信息，掌控局势	220
回应公众关切，安抚公众情绪	221

鸳鸯锅？水上阁楼？庐山瀑布？媒体莫把灾难当景观！ 224

唐山打人事件是女性的噩梦，报道缺乏正确价值观是公众的噩梦 228

看似中性措辞引争议	229
媒体要有基本的价值观	231

后记　价值观指引我们坚实前行　　236
大咖推介　　241

第一辑

你就是下一位中国新闻奖得主

第一辑　你就是下一位中国新闻奖得主

攻略：一篇作品怎么去获得中国新闻奖？

本文首发于2022年5月11日
作者：叶莉

入职没几年的年轻记者，想拿中国新闻奖，却不知道怎么提前准备好作品？也不知道怎么报奖？

传媒茶话会请教了3位相关权威人士，以及1位多次获得中国新闻奖的媒体人，并根据第三十二届《中国新闻奖评选办法》提炼了这份获奖攻略。

提前生产人无我有的作品

想报中国新闻奖，就只会等每年的《中国新闻奖评选办法》发布后，才临时抱佛脚？

一看就没啥经验。茶茶根据第三十二届《中国新闻奖评选办法》梳理出以下内容，告诉你高手是怎么准备的。

第一，你的选题策划得紧贴时代主题，在内容的角度、深度等方面下功夫，在形式上有所创新。如果你是地方媒体的记者，既要注重同题竞争中的地方特色，也要注意央媒没有完全关注到、挖掘到的主题或角度。

第二，你需要清楚知晓相应的标准，对标采制出优质作品。

一是注意评选标准整体要求：参评作品应坚持马克思主义新闻观，体现"四向四做"，导向正确，内容真实，新闻性强，社会效果好。

二是了解差错标准。要注意，历届中国新闻奖对存在差错的作品会实行获奖等级限制。

三是详读对应项目的要求。如字数上的要求（主要以正文内容按Word"字数统计"栏"字数"项为准，含标点符号，不含标题、署名等内容）、时长上的要求、刊播时间上的要求，以及申报人数上的要求，具体要求查看对应的《中国新闻奖评选办法》及附件。

一位多次获得过中国新闻奖的媒体人提醒道：在准备新闻作品时，第一，要以自己的长期积累形成"独家"选题。不能以"撞大运"的想法去搏"一击而中"，更可靠的办法是根据自身知识结构、采访便利、个人兴趣，形成对某一地域、某一行业、某一人群长期的观察和思考，由此形成的"独家"新闻，才能有核心竞争力。

第二，要有"养题"的耐心和积累素材的恒心；在周密部署后，当选题发展到合适的时间节点后，也要有全力一击的决心。以脱贫攻坚中的移民搬迁选题为例，要有对之前搬迁的各种艰难、困惑、疑虑的跟踪，当搬迁的时点来临时，就要配置充足的采制资源打选题"歼灭战"。

第三，要关注融合趋势，如做好大小屏联动，为自己的报奖多准备几个方向，至少可以避免本单位内卷。同时，制作作品时严查错别字和语法不当，避免低级失误。

总之一句话，要想有机会获奖，你就得采制人无我有、人有我优的好作品。

了解自己的报奖资格

有了好作品，你就可以高枕无忧了吗？

清醒一点！你还得看当年的《中国新闻奖评选办法》，弄清你和作品是否在当年报送的范围内。

以第三十二届《中国新闻奖评选办法》为例，报奖时，需要满足三个资格。

第一，单位资格。评选办法中提到，国家批准、具有新闻采编业务资质的新闻单位可参评。

第二，个人或主创团队资格。参评作品的作者应为新闻单位从事新闻采编工作的业务人员，包括与新闻单位具有相对稳定的聘用或合作关系的新闻采编工作人员。新闻单位非采编岗位人员和新闻院所教研人员可参评新闻业务研究项目（即新闻论文）。厅局级领导干部非作品主创人员不参评。副部级以上领导干部不参评。

要注意，上年度社会责任评价不合格的新闻单位主要负责人、直接当事人不得参评。3年内有不良新闻职业道德记录的人员不得参评。

第三，作品资格。参评作品为新闻单位上年度原创并刊播的新闻作品，具有国内统一连续出版物号的报刊在上年度刊发的新闻业务研究文章。

另外，你如果不走单位统一申报，走自荐、他荐途径的话，你的作品应获得省部级或中央主要新闻单位社（台）级二等奖及以上新闻奖，并有2名新闻专业副高以上职称的人士实名推荐。

要了解的是，省级新闻奖的评选会先于中国新闻奖（有些会在1、2月开始，在中国新闻奖申报结束前公布获奖结果），需要你提前参评。

比如，2022年2月24日，湖北已发布《第三十九届湖北新闻奖评选办法》，这意味着想要走自荐、他荐途径报送中国新闻奖，湖北的媒体同人需要先参评湖北新闻奖，并拿到二等奖以上奖项。

通过以下途径报送

有了好作品，也符合要求，怎么报送？

第三十二届《中国新闻奖评选办法》提到，中国记协委托报送单位、专项初评报送单位和试点报送单位开展对有关作品的初评。也就是说，你既可以通过新闻单位统一组织报送至报送单位、专项初评报送单位，也可以通过试点报送单位走自荐、他荐途径报送作品。

（一）通过单位统一报送。如果你所在的新闻单位是人民日报社、新华社、中央广播电视总台、求是杂志社、解放军新闻传播中心、光明日报社、经济日报社、中国日报社、科技日报社、人民政协报社、中央纪委国家监委新闻传播中心、中国新闻社、中国外文出版发行事业局、学习时报社、工人日报社、中国青年报社、中国妇女报社、农民日报社、法治日报社，可以直接向本单位报送作品，具体时间关注内部通知。

如果你所在新闻单位不是上述几家，可以通过各省（区、市）和新疆生产建设兵团记协，中央军委政治工作部宣传局，中国晚报工作者协会、中国地市报研究会、中国县市报研究会、中国科技新闻学会、中国国防科技工业新闻工作者协会、中国体育新闻工作者协会、中国教育电视协会报送本地区、本系统新闻单位的作品。同时，中国广播电视社会组织联合会、中国报业协会报送本会会刊刊载的新闻业务研究作品，中国期刊协会报送新闻期刊作品，中国行业报协会报送全国性行业类媒体作品。具体时间请关注对应系统的官方通知。

同样通过单位统一报送，如果要报送专项作品，可以向中国记协新媒体专业委员会、中国新闻漫画研究会、中国新闻摄影学会等专项初评报送单位报送作品，具体报送时间请查相应官网或官方微信公众号。

（二）通过试点报送单位走自荐、他荐途径建议首选还是单位统一报送。如果单位统一报送名额已满，你没有争取到的话，可以尝试通过试点报送单位走自荐、他荐途径。

据第三十二届《中国新闻奖评选办法》，可以走自荐、他荐途径的21家新闻教研机构有：中国社会科学院新闻与传播研究所、北京大学新闻与传播学院、清华大学新闻与传播学院、中国人民大学新闻学院、中国传媒大学新闻传播学部、中国政法大学光明新闻传播学院、天津师范大学新闻传播学院、吉林大学新闻与传播学院、复旦大学新闻学院、南京大学新闻传播学院、浙江大学传媒与国际文化学院、厦门大学新闻传播学院、武汉大学新闻与传播学院、华中科技大学新闻与信息传播学院、湖南大学新闻传播与影视艺术学院、暨南大学新闻与传播学院、广西大学新闻与传播学院、重庆大学新闻学院、四川大学文学与新闻学院、西北大学新闻传播学院、兰州大学新闻与传播学院。

需注意，每家高校开始报送的时间和主题不一样，且收到作品后，只能初评出3件作品报送至中国新闻奖。

因此，你需要在各高校新传院的官网或官方微信公众平台上搜索"关于征集第××届中国新闻奖参评作品的通知"，提前了解征集主题和要求，千万别报错了。

如果想提升报送概率，可参考传媒茶话会此前的文章《中国新闻奖作品选投哪家高校容易"出窝"？》，了解高校近几年报送作品的获奖命中率。

另外，除了21家试点报送单位外，中国记协可能会再委托1家中央新闻单位供媒体人走自荐、他荐途径报送作品，详情请关注当年度《中国新闻奖评选办法》通知。

第一辑　你就是下一位中国新闻奖得主

但是，无论选哪里自荐、他荐，你只能找1家报送单位推荐1次，也只能报1件作品，向2家（含2家）以上单位推荐，一经发现，立即取消参评资格。

过五关斩六将，当你的作品终于进入中国新闻奖评委的视野后，你可以稍微放宽心，等待评奖结果了。

Mucie：

一位老评委说明：报送中国新闻奖，包括作品准备和作品报送两部分。本文对作品准备讲得很清晰，同时，也可以简化为：研究当年评奖规定，精心准备作品，明年才能报送。同时比对当年和上一年两个年度的评奖要求，看看有什么重要变化。

一般说来，作品基本要求不会有大的变化，有变化的是在报送部分。准备作品有个资格问题。如果年轻记者还没有获得记者证，单位认可是可以的；合作者身份不是记者，能不能报奖，要核实一下。这个过程中，作为年轻记者，也可以研究一下以往获奖作品，看看那些作品是怎样体现相关要求的。第二是作品报送。年轻记者首先还是依靠单位推荐。自荐当然完全没有问题，建议年轻记者，要处理好相互关系。

如果去年已经有了作品，今年就是个报送问题了。这也是"作品准备"。根据经验，如果本省评不上奖，报送机会也比较少。而同一人在省级评奖中多篇获奖可能性不大，所以，已经无所谓准备与否了，除了自荐。

一次获两个中国新闻奖一等奖,这位记者为什么行?

本文首发于2019年11月4日

作者:刘娟

"成功的花,人们只惊羡她现时的明艳!然而当初她的芽儿,浸透了奋斗的泪泉,洒遍了牺牲的血雨。"

这话似乎是李化成的真实写照。

山东广播电视台融媒体资讯中心记者李化成一举拿下第二十九届中国新闻奖两个一等奖。

传媒茶话会发现,早在2014年他就获得过中国新闻奖一等奖(集体)。更让人惊喜的是,2005年从兰州大学新闻本科毕业后,他14年间揽下41项省级和全国新闻类奖项,是名副其实的获奖专业户。

他是如何做到的?

"我是改革中的一朵浪花"

2019年11月1日,第二十九届中国新闻奖评选结果公布,山东广播电视台5件作品荣获中国新闻奖,其中3件一等奖,创造了山东广播电视台参评中国新闻奖以来的最好获奖纪录。

而李化成作为主创人员之一的《何日"凤还巢"?》《中东沙漠种植中国海稻获成功》两篇作品双双获得中国新闻奖一等奖。

"我只是改革洪流中涌现出的一朵浪花。"李化成说,没有山东经济社会的改革大潮,没有山东广电的改革大潮,就没有《何日"凤还巢"?》。

近年来,山东广播电视台改革的大浪涌动,"围绕中心 服务大局",成立融媒体中心,打破传统用人机制、薪资结构,一切向采访一线倾斜,一切向舆论效能延伸,一切向人民美好生活需求看齐。

为助推山东省营商环境建设等中心工作,落实"解放思想"部署,山东广播电视台抽取精兵强将,设立专门栏目,加大舆论监督力度,一股股改革浪潮激荡在一线,电视评论《何日"凤还巢"?》像一个幸运儿一样应运而生在浪尖之上。

"我们是改革的产物,作品也是在改革中水到渠成,这样的作品,这样的记者会在山东台改革洪流中越来越多。"李化成说。

选题是好新闻的命脉

"新闻事件'硬',新闻背景'硬',记者自身也要'硬'。"这是李化成总结获奖作品需要具备的3个重要特征,而排在第一位的就是新闻事件本身。

什么样的新闻事件才算"硬"呢?

"把准时代脉搏,担起时代之责,揪准存在发展症结的'牛鼻子'。"李化成认为,这样的选题才算"硬",这样的选题才是好新闻的命脉。

2018年春节后上班第一天,时任山东省委书记刘家义抛出两个尖锐的问题,"山东为什么落后了?山东应该怎么办?"向曾经优越感十足的山东人发出了严峻拷问。

在全国区域竞争这盘大棋局中,全国互联网企业百强山东只有2家,排名都在60名以后,滴滴打车、支付宝、微信红包等具有超前引领作用的创新模式,都没有原创在山东。

"民营经济发展裹足不前,传统产业转型升级步履沉重,新兴业态增长缓慢,这是山东发展面临的最大问题。而所有这些问题的背后,几乎都有营商环境不良的影子。"李化成告诉传媒茶话会,为了改变现状,山东推出了新旧动能转换、"一次办好"等一系列重大举措。

为了积极落实山东省"解放思想"的部署,山东广播电视台还加大了舆论监督力度,电视评论《何日"凤还巢"?》就是在这一背景下、在这一关键节点上站了出来。

"硬"新闻背景中找好小切口

"报道好大主题，实际操作起来要有小切口。"李化成给出了他的解题思路。

营商环境不良是困扰山东及全国许多经济欠发达省份的共同难题。山东在"2018年中国互联网企业100强"中无一家企业上榜。李化成和同事们敏锐地发现，一些创办于山东的互联网企业却"孔雀东南飞"，在浙江等先进省份迅速发展壮大。这些企业为什么在山东留不住、长不大，山东营商环境到底存在什么问题？

在《何日"凤还巢"？》中，李化成和同事们把凤岐茶社在山东和浙江两地的遭遇进行对比。最终暴露出山东部分政府工作人员思想保守、观念落后、政策水平不高、服务意识不强等严重问题，呼吁切实转变政府职能，持续深化"放管服"改革，全力培植企业健康发展的沃土。

此外，李化成还有另一个秘籍，即"重大主题往民生方向挖掘"。

以《中东沙漠种植中国海稻获成功》为例，海水稻带动中国农业全产业链走出国门，服务于"一带一路"沿线国家。而如何关注报道"一带一路"倡议，怎样的切口才能做到上接天线、下接地气呢？

"从民生角度出发！"《中东沙漠种植中国海稻获成功》就是以中国海水稻在中东沙漠种植的过程为线索，通过记录沙漠中中国农业科研人员的奋斗过程，讲述新时代中国人民在

"一带一路"上创新创造,为自然条件恶劣地区人民解决饥饿问题进行的探索。

记者本身要够"硬"

"既要把问题本身讲明白、弄透彻,又要分析原因、找到解决办法,这就要求记者本身要够'硬'。"李化成认为,这是对记者践行"四力"水平和能力的考验。

记者需要有够硬的"眼力"

"山东人曾经创造了很多全国领先的经验,比如海尔管理模式成全国标杆;浪潮服务器、寻呼机产品全球领先……但进入新时代,山东人的思想解放力度还可以更大些。"李化成认为,营商环境的好坏,是思想观念的体现。

凤岐茶社的故事并不是个案。2017年4月,山东化仙子电子商务有限公司将总部迁到了上海市,这个原本在山东创业的公司,到上海不到两年,业绩和市值就翻了十几倍。

"在具体事例的选取上,凤岐茶社和化仙子,是两个案例都采访,还是选取一个更有代表性的案例说深、说透?"李化成透露,由于这两个企业经历具有一定的相似性,经过反复思考,他们最终选取了凤岐茶社这个案例。

记者需要有够硬的"脚力"

中国新闻奖评选结果公布后,面对如潮般赞许,李化成说:"没啥厉害的,记者就应该多跑一些,本职工作而已。"

山东广播电视台明确要求制片人要带头下去干活。工作了

14年的李化成至今仍坚持着"跑新闻"。

从时间上来说，《何日"凤还巢"？》第一次采访从7月份就已经开始，经过不断思考、完善，一直持续到12月份；从空间上来说，李化成和同事两下浙江，三到潍坊，辗转多地，行程近3000公里。

而为了做《中东沙漠种植中国海稻获成功》这期节目，李化成和同事们在迪拜60多摄氏度的沙漠中被炙烤，高温使得机器爆表。尽管他们大量喝水，但脱水还是比较严重。"出汗补充盐分不及时，电解质失衡，小腿出现了两次抽筋。"同行的摄像记者在日记本中这样记录他们在迪拜采访时的经历。

李化成和同事们在迪拜采访。"整个采访前后持续近一个月，素材和成片比已超过100比1，留下了大量珍贵的素材。"李化成说。

记者需要有够硬的"脑力"

在《何日"凤还巢"？》中，凤岐茶社作为一个企业，寻求的是最大利益和最佳发展环境，这是市场经济规律；部分政府工作人员本应把更多精力放在营造好的营商环境和搞好服务上，但实际上又抱着部门利益不放。各自的想法如何通过最佳的镜头表现、用最生动的语言表达？

"在采访之前，我们拿出大量时间跟采访对象聊天，确保采访对象完全处于放松状态，于是有了凤岐茶社负责人在说到老家遭遇时的尴尬表情，有了部分政府工作人员在说到以前承诺时的气愤，有了专家学者在说到现象背后原因时的无奈。"李化成告诉传媒茶话会。

记者需要有够硬的"笔力"

李化成坦言,在表现形式上,营商环境好与不好,本身是一个相对泛泛的概念,如何体现?他们最终决定用凤岐茶社在山东和浙江两地的遭遇,用一个一个的事件来一件一件地对比,营商环境的差距就能跃然镜头上。在第二十九届中国新闻奖评选结果公示后,山东广播电视台台长吕芃说:"我们所有改革举措的根本目的只有一个,那就是不断提升主流媒体的影响力、引导力、传播力,不断提升生产优质内容的能力,努力让山东广电成为人民美好生活的一部分!"

"新闻舆论工作者要做党的政策主张的传播者、时代风云的记录者、社会进步的推动者、公平正义的守望者。"李化成总拿习近平总书记的这句话勉励自己。

精选留言

聂耀文:

李化成的笔很"硬",敢于揭露丑恶的一面,敢于为创业者疾呼。他是为人民服务的新闻人。

第一辑　你就是下一位中国新闻奖得主

行业新闻如何写出彩？中国新闻奖一等奖得主说的都是干货！

本文首发于2018年11月4日
作者：刘娟

2017年7月20日，一场中央问责风暴揭开了甘肃祁连山国家级自然保护区生态环境遭到严重破坏的盖子，甘肃各级国土资源系统成为此次问责的"重灾区"。国土资源新闻宣传工作面临前所未有的挑战。

《中国自然资源报》(原《中国国土资源报》)记者薛亮用时4天，行程700余公里，实地探访处于"风暴"中心的甘肃省张掖市，而后撰写出调查性报道——《甘肃祁连山：问责风暴下的生态突围》，在2018年公布的第二十八届中国新闻奖评选结果中获得一等奖。

新华社播发的《第二十八届中国新闻奖、第十五届长江韬奋奖评选结果揭晓》消息指出，该调查性报道"直面问责风暴背后的故事，引发人们对实现地质勘查和环境保护双赢等诸多问题的思考，视角独特又引人深思"。

那么作为行业媒体，应该如何采写出体现行业性质的独特视角报道？

做好行业新闻报道，选题策划是关键！

"要想把行业内的深度报道做得让读者喜欢，就要对新闻事件和相关素材深挖细掘，其中，选题策划是前提和关键。"《中国自然资源报》记者、第二十八届中国新闻奖一等奖获得者薛亮告诉传媒茶话会。

薛亮说，遇到类似甘肃祁连山生态环境遭破坏事件这种重大选题时，一定要在策划环节提前谋划好、把握住，该采访谁、该到哪些现场，必须在有限的行程时间里安排好路线规划，否则到了采访现场临时抱佛脚很容易产生遗漏、错失良机。

文似看山不喜平。"写作本身就像创作电影作品一样，离不开一环套一环的戏剧冲突。"薛亮告诉传媒茶话会，记者的调查性报道要想吸引住读者，让读者感受到文章内核与实质，除了内容上要有韵味和风格外，还要注重整篇报道的逻辑架构，要有主线贯穿意识与首尾呼应思维，方便读者在阅读时能够清楚地知道报道里写了什么，作者想要表达什么，读者能够得到什么深刻的启示。

同题竞争，专业性让报道视角与众不同

"个性化的深度报道，尤其是遇到甘肃祁连山生态环境遭破坏这种引发中央高层以及社会民众广泛关注的事件，在采写中需要强调选题的独立性、力求独家策划和独特视角。"薛亮告诉传媒茶话会，即使是相同的题材，也要选择一个与众不同的视角、一个令人眼前一亮的切入点，以求在内容上与众不同，以体现《中国自然资源报》在自然资源宣传领域的行业优势、专业角度、独特个性和品牌形象。

在2017年7月20日，中办、国办就甘肃祁连山国家级自然保护区生态环境问题刮起问责风暴的一个月时间里，全国各级各类媒体围绕甘肃有关政府部门的态度和认知、生态环境整治修复的做法和效果等方面，都进行了深入细致全面的调查报道。

薛亮坦言："作为行业报来说，在采访实力、团队运作、人员物资等方面与大型综合类媒体相比，我们几乎没有任何优势可言，但我们胜就胜在'专业'二字。"

薛亮告诉传媒茶话会，他在梳理了其他综合类媒体的报道后发现，大部分媒体的报道采写思路与内容基本都在围绕如何做好保护区生态环境治理修复工作展开，他如果继续在这些方面做文章，那将毫无意义。

同时，薛亮发现，这些综合类媒体的报道并没有过多或者说基本没有涉及自然资源专业领域的内容，比如对矿山企业的退出补偿、各级各类企业单位转型发展等热点焦点问题。

"作为行业媒体,特别是类似《中国自然资源报》这样的行业专业性权威媒体,这些问题恰恰是行业媒体记者最擅长也是最了解的,我们应该在立足生态环境整治之外做文章,深度挖掘事件背后的新闻素材,让读者知道祁连山里还发生了哪些故事。"薛亮告诉传媒茶话会,正是因为对矿业企业退出补偿以及有关企业单位转型发展的关注,才让这篇报道另辟蹊径,从众多有关甘肃祁连山问责事件的报道中脱颖而出。

行业记者要写好行业新闻,关键在于了解行业

"行业记者要写好行业新闻,最重要的就是要了解行业。"薛亮告诉传媒茶话会,作为行业记者来说,不熟悉专业知识、不了解行业运作规律就做不好采写工作。

薛亮进一步解释道,就采访而言,如果不了解行业,就会不知道该问采访对象什么问题,或者采访对象解释的专业术语记者听不懂;就写稿而言,如果不了解行业,就择不出哪些才是真正有价值的新闻素材,没有有效的新闻素材就不知道从何处下笔,就算最后写出来稿件也会是平平无奇、毫无亮点。

"在多学、多看、多问、多记,学好弄通行业专业知识的基础上,才能做好采写工作。"薛亮告诉传媒茶话会。

薛亮说,他是一名军转干部,2014年底从部队转业来到中国国土资源报社。在编稿写稿初期,因为对自然资源专业知识的不了解、不熟悉,发生了不少差错,也闹出了不少笑话。

"从零开始的问题不仅会发生在我身上,对于大学毕业刚

参加工作，或者因岗位变动需要重新适应的新人来说，都面临着转型适应岗位的问题。"薛亮认为，解决这个问题关键就在于加强行业知识学习与不断地下基层采访实践。

采访要"三不怕"：不怕费劲，不怕跑腿，不怕受挫

"当记者是个体力活，有个好笔头是远远不够的，脸皮厚、腿脚勤、脑子活是制胜的关键。"薛亮告诉传媒茶话会，听听报告、抄抄材料，被人牵着鼻子走是写不出好稿件的，只有心往下踏、脚往下走、笔往下写，才能挖掘出记者想要的东西，才能写出读者想看的文章，才能获得学界和业界的一致认可。

薛亮在做《甘肃祁连山：问责风暴下的生态突围》这篇报道时，起初在当地相关部门的安排下走访了5个海拔相对较低，地形地貌相对平缓，在修复治理上并没有很大技术和人工难度的生态环境治理恢复项目。但他对这5个项目却不"感冒"。

"说实话，这些项目有些'大路货'——只要有媒体来采访，当地有关部门就会把记者带到这里来，但这对于想挖掘独家资料的我来说，并没有太大的诱惑力。"薛亮告诉传媒茶话会，他最关切的是去实地察看海拔3800米高度，横跨保护区核心区的一个名为大海铜矿的矿区，这里多次被新华社和央视暗访曝光过。

对此，当地相关部门起初是犹豫不决的，原因在于8月的甘肃祁连山处于雨季，引发地质灾害的风险很大。但在薛亮的多次坚持下，他们还是答应了。可是在途中，上山的道路却被

雨水汇聚而成的激流冲断，车辆无法通行。为此，相关部门建议放弃去大海铜矿的计划，但薛亮却坚持要去，"就算没有车，我用双手双脚爬也要爬上去"。

"我从北京飞过来1000多公里，在祁连山里穿行700多公里，不是来看风景的。"薛亮告诉传媒茶话会，这是他坚持要求去大海铜矿的初衷。

薛亮坦言，对于地方相关部门而言，肯定是想让记者看到他们做得好的一面，而这也是当下很多记者面临的问题，就是被受访者牵着鼻子走，为了报道而报道，这就偏离了新闻的本意。

薛亮认为，在这种情况下，记者必须坚持己见，不达目的不罢休，在不违背客观自然规律的情况下，要尽可能地达成自己的心愿，完成采访计划。只有这样，才能写出货真价实的新闻报道。

"当记者需要一股子拧劲儿，撞了南墙也不回头，才能突破阻拦到达彼岸。"薛亮告诉传媒茶话会，在面对困难的时候，进一步或者退一步，直接关系到新闻报道质量的优劣。

提问要掌握好分寸感，或直指事实真相，或直入采访对象心扉

相比地质灾害的威胁和强烈的高原反应，让薛亮更加备受折磨的是采访中遇到的阻力。

"做深度报道几年来，被采访对象拒绝的事情也有过，但

是都没有像这次反应这么强烈。"薛亮告诉传媒茶话会,在采访某石灰石矿的一位矿主和驻甘某央企负责人时,起初不论怎样沟通,对方都不愿意接受采访。

"面对采访对象不接受采访的情况,绝对不能以硬碰硬,要多为对方考虑,想想他们为什么不愿意接受采访,是记者身份的原因,还是采访问题设置的原因,抑或是受访者自身的原因。"薛亮说,这是他这几年采访积累下的经验。

薛亮进一步解释道,就这篇稿件而言,采访对象刚开始不愿接受采访,多数还是出于自我保护的考虑。如何突破对方的心理防线,让他们敢于面对现实,说出自己的心里话成为关键。在这种时候,就要把采访对象当作朋友或是老乡,设身处地为他们着想,从需要记者帮他们做什么事情、反映什么问题入手提问,而不能一味地要求对方回答那些他们不愿再提及的事情。

"好的提问,或直剖事实真相,或如山泉指引采访对象的心扉;而失败的提问,则可能让记者无功而返。"薛亮告诉传媒茶话会,面对不同的采访对象,必须把握好度,拿捏好分寸,才能采访挖掘到第一手资料。

最终,那位石灰石矿的矿主接受了薛亮面对面的采访,而那位驻甘某央企负责人也以其他渠道几经周折把他想说的话通过微信发给了薛亮,给这次采访画上了一个还算圆满的句号。

薛亮告诉传媒茶话会,之所以说还算圆满,是因为自己认为这篇稿件仍有不足之处,一是采访时间有限,没能多去几个重点焦点生态环境治理修复点现场看看；二是采访对象数量还是偏少了一些，应该在同类采访对象中多找几个来进行对比采访。

精选留言

元宝：

在"人人都是记者"的时代，获取独家新闻的难度越来越大。新闻事件发生后，主要事实各家媒体都有，要想做出不一样的新闻不能跟风，而是要从独特角度寻找第二落脚点，或者是实现外地新闻本地落地，尽可能地拓展报道广度，才可能形成独家。面对一个新闻事件，多问几个为什么，多思考事件还能折射出什么，这样很可能会找到独特的报道角度，形成独家新闻。

komorebi：

新闻业需要敢于发声的人，而这种发声是建立在足够事实的基础之上的，事实第一性，新闻第二性。只有对新闻理想充满热情的人，才能吃得了即便道路崎岖也要跋山涉水甚至有时得把生死当作一场赌注的苦。让我有所启发的是，文中那段描写专业性的文字，"作为行业记者来说，不熟悉专业知识、不了解行业运作规律就做不好采写工作"。喜欢深度报道类的文章，因为那是脚踏实地写出来的。书犹药也，善读之可以医愚。

第一辑　你就是下一位中国新闻奖得主

中国新闻奖评委揭秘！这7个版面为啥能获奖？

本文首发于2020年11月9日

作者：白志宏

2020年11月2日，第三十届中国新闻奖、第十六届长江韬奋奖评选结果公布。第三十届中国新闻奖共有7件作品获得新闻版面奖，其中一等奖2件，二等奖2件，三等奖3件。

这7件作品何以斩获中国新闻奖？有哪些创作特点？

2020年11月9日，传媒茶话会邀请第三十届中国新闻奖、第十六届长江韬奋奖评委——中国电力传媒集团报纸编辑部主任、高级编辑白志宏为读者解析新闻版面奖获奖秘诀。

传媒实操小红书·
不可不知的采编小技巧

创新、创意、突破陈规　力求形神合一

创意无限，匠心非凡。评阅第三十届中国新闻奖参评版面，可谓在享受新闻版面的盛宴。

敢于打破陈规，勇于创新突破，追求精益求精，是它们体现出的共同特性。

《解放日报》推荐版面高票获评一等奖。其在全国党报中首创竖通版版式，整个版面气势磅礴，给人以顶天立地的视觉感受。

新中国成立70周年，举国欢庆。全国媒体报纸多采用整版、通版形式报道国庆盛典。

《解放日报》以竖通版形式开全国报业之先河，版面从策划、立意、拟题、制图、导读制作，到版面设计呈现，一环扣一环，整个版面内容饱满、厚重大气。

版面立意紧紧围绕毛泽东同志70年前的"占人类四分之一的中国人从此站立起来了"宣示展开，版面主题采撷习近平总书记讲话中"中国的今天"和"中国的明天"，全要素呈现这一历史瞬间。

一组内页盛典特刊的导读，选取1949和2019两组数字，通过文字设计编排，嵌入70年来取得的重大成就，配合飞驰的复兴号列车，寓意我国正走在"从站起来、富起来到强起来"复兴之路上。

匠心独运颂辉煌，《解放日报》将恢宏磅礴的国庆盛典报道浓缩于有限的版面，本身就是挑战。

更令人称道的是，仅凭视觉系统，就能让读者感受到过往的奋斗、当下的自信以及未来的期许。

创意无限，创新无止境。《新华日报》推荐的"强富美高"新江苏专题报道，荣获第三十届新闻奖二等奖。

该作品将报纸四个版横通连贯，在习近平总书记提出建设"强富美高"新江苏5周年之际，推出四联版长卷，尝试通过新闻报道的视觉化、艺术化探索，实现重大主题报道的创新表达。

"大事重做。"每逢重大主题、重要节点，调集优势兵力策划报道，浓墨重彩打造精品，已成为媒体的一项常态化机制。

重大选题策划，推出两个版横通编排，已习以为常。

《新华日报》创新突破，大胆采用四联版长卷设计，巧妙运用富含江南园林元素的新闻插画，实现重大主题报道的艺术化呈现，既主题鲜明、气势宏大，又精巧细腻、富有特色，极具视觉冲击力和艺术感染力。

横通、竖通、四联通……通版在新闻奖评选中，优势凸显。

第三十届中国新闻奖共有7个版面作品获奖，其中一等奖2个、二等奖2个、三等奖3个，获奖作品全部是通版版式。这是偶然巧合，还是必然趋势，有待观察。

有专家分析认为，通版最大优势就是拥有较大的展示面积和设计空间，可以使报道的主题内容得以更充分地展示，跨版标题和照片从视觉上都更宏大，更有气势。

但这也对版面编辑和设计人员提出了更高要求，必须以足够丰富的内容、足够精彩的照片和足够精致的设计元素为前提，不能盲目跟风、贪大求全，尤其不要为了通版而辟出通版，否则会给读者带来版面空洞无物的感受。

说到底，版面形式取决于内容主题。

新媒体时代，报纸仍需坚持"内容为王"，离开新闻内容去片面追求版面规模博取眼球，是本末倒置。最佳境界是，追求内容与形式的和谐一致，努力做到形神合一。

重彩、大图、活用图表　强化视觉体验

"一图抵万言。"读图时代，图片、图解在信息传递上比文字更具直观性和冲击力，已成为报纸版面上最重要、最具活力的元素。

善用大图，或多图组合，强化视觉冲击，让受众眼前一亮、感觉耳目一新，应该说是获评好版面的首要条件。

《科技日报》"迈向创新型国家"主题报道，作为庆祝新中

国成立70周年特刊版面，荣获第三十届新闻奖一等奖。

该版面上半版精心选取了7幅科技创新最具代表性的图片进行组合，浓墨重彩报道新中国成立70年来我国科技创新取得的重大成果。

下半版选取了"两弹一星"、太空探索等最具有代表性的10个典型进行报道，每个典型均以关键词和详细报道的形式推出。

版面结构清晰，图片冲击力强，图文搭配适当，烘托了庆祝新中国成立70周年的喜庆氛围。

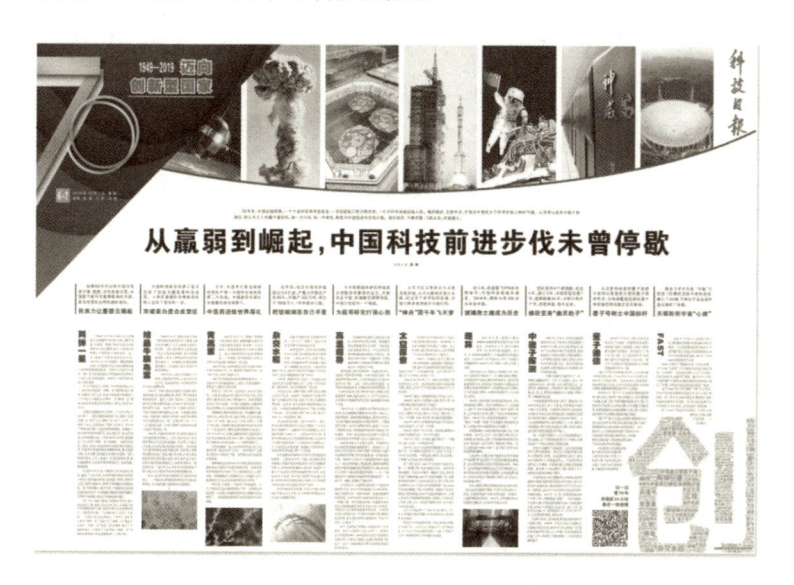

《陕西日报》2019年清明公祭轩辕黄帝主题报道，版面以傲然屹立的黄帝手植柏为视觉中心，图片顶天立地，几乎占据了通版的三分之一，强势抢眼，极具冲击力，彰显了中华文化自信之雄姿。

传媒实操小红书·
不可不知的采编小技巧

　　以言论、报道、新闻图片等多元素共同烘托主题，进一步丰富了版面要素。整个版面大气庄严，充满张力。

　　远中近层次丰富，标题、文图布局新颖合理有序，层次分明，内容与形式相得益彰。

　　大数据时代，图表、图示已成为国际主流媒体在新闻报道中最流行的呈现形式。

　　丰富的信息内容，通过可视化形式直观地呈现，能够将抽象、庞杂的内容更形象、条理地展示给读者，有效提升可读性和传播效果，成为报纸增强吸引力、感染力的重要手段。

　　《中国日报》参评版面——大兴国际机场正式投入使用报道，正是运用国际上最流行的信息图表形式，以两个通版的篇幅进行了形象的、可视化的报道，设计有新意、图表报道用到了极致，更形象、更直观、更确切地解读了每个区域的功能用

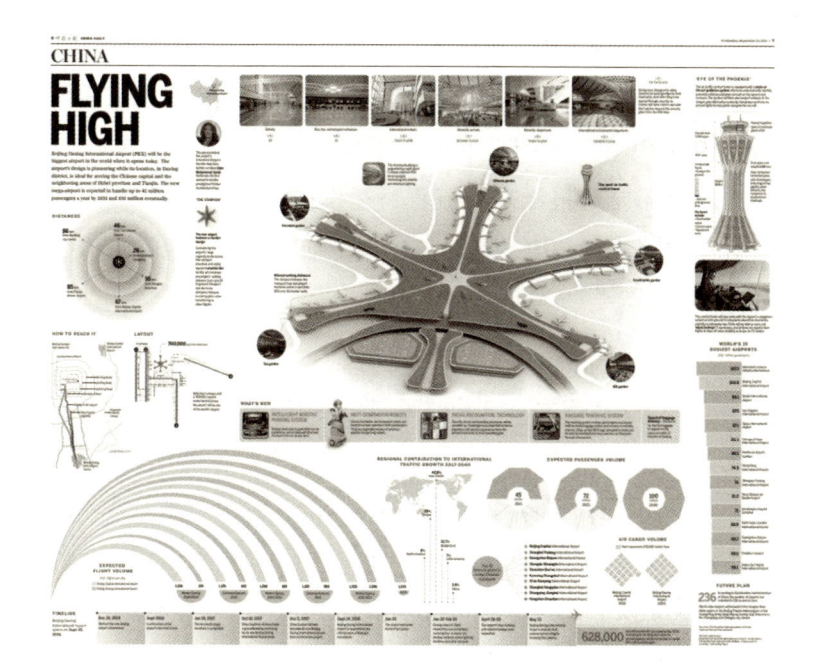

第一辑　你就是下一位中国新闻奖得主

途，方便读者理解阅读，也使整个版面更有吸引力。

北京大兴国际机场不仅是人类工程史上的奇迹，也是美学属性的设计杰作。

为了更好地突出大兴机场之"新"和"美"，《中国日报》使用3D软件进行建模渲染，充分展现出其外立面的优美曲线和典型寓意，突出其缩短候机步行距离的实用性。

读者通过透视图，可以直观地掌握机场功能区分布和高科技感的装修设计，了解到西塔台"机场之眼"和"丹凤朝阳"的重要作用。

版面配以机场建成时间表、与世界各大机场情况对比等信息，使报道更加完整，信息量更加丰富。

让报纸"新起来、活起来、可视起来"。

新媒体时代，新闻的可视化表达、视觉化传播，已成为传统媒体转型图存、逆势生长的重要方式。

这就需要对报纸采编流程、运作机制，乃至编辑理念、设计思路等进行相应变革，以适应受众新需求和视觉化传播的趋势。

素描、写意、匠心呈现　凸显收藏价值

素描、写意、留白、书法、水墨画、中国红等最具代表性的中国传统文化元素，在中国新闻奖参评版面中有着较充分运用和视觉呈现。

《新华日报》建设"强富美高"新江苏主题报道，以"大写意"手法，向读者展现了一幅充满诗情画意的大美江苏画卷，版面巧妙运用富含江南园林元素的新闻插画，实现重大主题报道的艺术化呈现。

新闻插画与重大新闻主题报道的创新融合，是该版的核心特色。

版面通过手绘插画，构建江南园林语境，凸显江苏韵味，将"强富美高""大写意"一笔一笔绘成精谨细腻"工笔画"。

选图、勾线、上色，275个图层，207张素材，49幅原型图片，每个元素都不是信手画来，所有画面都能对应主题找到原型。

版面构思精巧，运用多种设计形式和手段，烘托了主题，

版面气势宏大中见细腻，既有宏大主题又有地方特色，不仅具有阅读价值更具收藏价值。

将中国传统元素巧妙融合现代版面设计，从传统文化中汲取灵感与精华，在现代传播中将传统文化发扬光大。

中国新闻奖获奖版面堪称版面设计的风向标，无不体现着创作者的神思独运，匠心打造。

《河南日报》"走进最早的中国"特刊，是一幅古色古香的国画，堪称融合的佳作。

2019年10月19日，二里头夏都遗址博物馆正式开馆，作为文化大省河南考古文化的一大盛事，《河南日报》浓墨重彩，以跨版特刊的形式恢宏呈现。

该版面设计新颖，色彩古朴内敛，绘画灵动，展现二里头居民的生活场景，具有较强的艺术性、感染力。

版面以夏朝建筑的主色调夯土墙色铺底，并辅以大型绿松石龙形器等文物符号点缀，增添了版面的历史味道。

版面中的二里头遗址平面示意图、二里头宫城想象图、二里头先民生活劳作想象图均是由版面创作者一帧一帧手绘出来的。

二里头遗址十个之最以及版面上的其他数字也是版面编辑在翻阅大量历史文献后高度概括出来的，这些素材既增强了版面的趣味性，又增加了版面的学术和收藏价值。

《浙江日报》"良渚古城遗址申遗成功"特别报道，在版面编排上同样采用了素描绘画等方式，形象地展现了古城先民的生活场景，是一幅灵活生动的古风场景画。

该版面兼顾了新闻报道和场景再现。

版面上方，一幅大型图片，展现巴库世界遗产大会现场，良渚古城遗址申遗成功的精彩瞬间。

下半版则运用素描、写意等手法，对良渚古城进行可视化呈现——5000年前的良渚古城是什么样？

编辑根据良渚博物院等提供的权威数据和资料，并邀请相关专家指导，绘制了良渚古城风貌图。

同时根据考古资料，精心绘制了良渚古城先民生活场景插画，并插入全景解密融媒体产品，让新闻报道可视、可感、可亲，增强了版面的悦读性和收藏价值。

极具收藏价值，这是评委们对获奖版面的共同评价。

收藏价值，也应成为报纸应对新媒体竞争的努力方向：推出重磅策划、强化整合报道、制作专题特刊、打造特色精品……

将新闻版面打造成为历史的见证者，让报纸可读、可藏、可欣赏，影响最有影响力的人，无疑是报纸的长久生存之道。

"新闻版面要求体现政治性、新闻性、思想性与艺术性的统一，标题准确生动，照片、文字与图示兼顾，编排整体协调，版式设计讲究、新颖、有特色，便于阅读。"

这是《中国新闻奖评选办法》中新闻版面的评选标准，希望在这一标准的指引下，有更多的好版面脱颖而出，载入中国新闻史册。

精选留言

荣修：

　　版面设计要以高质量的新闻内容为基石，"花"而空洞无物的版面不可取。这个问题在现代高科技融入编版手段时，要特别注意克服而避之。

得奖难！市、县级媒体如何斩获中国新闻奖？

本文首发于 2020 年 6 月 29 日
作者：李磊

市（地级市）、县级媒体获得中国新闻奖一等奖难吗？

很难！

传媒茶话会统计发现，从 2015 年至 2019 年，五届中国新闻奖一等奖获奖名单中，一等奖获奖作品共 261 件，其中，市（地级市）、县级媒体获奖作品 19 件，仅占获奖总数的 7%。

市、县级媒体该如何发挥优势，让更多新闻作品登上中国新闻奖的最高殿堂？

2020 年 6 月下旬，传媒茶话会对话第二十六届中国新闻奖评委、高级记者王兮之，第二十六届中国新闻奖一等奖获得者、衡阳日报社党委副书记、总编辑林新华，第二十八届中国新闻奖一等奖获得者、珠海传媒集团融媒采访中心首席记者陈新年，第二十四届中国新闻奖一等奖获得者、宁乡市融媒体中心制播室副主任王敬仁。

四招扬长避短

相比中央、省级媒体，市、县级媒体在中国新闻奖的评选中存在一些短板：

采编力量相对薄弱、缺乏重大选题资源支持、作品参评过程中竞争力不强。

但是，也有优势：身处基层、贴近群众，拥有大量的接地气的新闻素材，可以抢首发。

因此，市、县级媒体可以根据自身特点扬长避短、取长补短，获得更多的中国新闻奖项是完全可能的。

1. 以小见大

《人民日报》一直以来都倡导记者要"站在天安门上看问题，站在田埂上找感觉"，要求新闻从业者要有全局观，并深入新闻一线。地方媒体在基层，尤其是县级媒体，更应该做到的是后半句话——"站在田埂上找感觉"。

林新华是第二十六届中国新闻奖一等奖文字评论作品《漠视生命是最可怕的沉沦》的作者。他认为，以小见大是市、县级媒体克服劣势、张扬优势的一个法宝。

什么是以小见大？

在第十六届中国新闻奖评选中，《苏州日报》撰写的《台账压垮"小巷总理"》获得消息类二等奖。此稿实属小中见大的精品。文章不足千字，但题材重大，讲出社区工作在被充分重视的同时，正遭遇台账之痛。反映出形式主义对社区基层侵袭的严重态势。

事实也证明，近年来，很多市、县级媒体获中国新闻奖作品运用了以小见大的表现方法。比如，《宏润一个三通卖到120万》《3000小考生，"妖魔化"妈妈》《看个"咳嗽"要掏1065元》，都是以一件小事、现象为切口，反映背后的大问题。

林新华告诉传媒茶话会，"市、县级媒体采写来自基层一线的鲜活新闻机会多，每一届的中国新闻奖评选中，就有许多这种来自基层一线的好新闻，它们成功的诀窍往往是小视觉预示大变革、小细节折射大问题、小人物反映大主题、小变化展现大成就"。

如何以小见大？

在这方面，新闻工作者要向牛顿学习，牛顿看到苹果从树上掉下来，发现了万有引力。市、县级媒体在新闻现场每天会看到各种现象，发现各种问题，关键是要从中发现选题，具备一叶落而知秋、从表象看到问题本质的能力。因此，身处基层的记者，要做社会生活的有心人，培养明察秋毫的眼力、"火眼金睛"般的辨别力和穿透力。

2.素材新鲜、有特色

水果新鲜才好吃，素材新鲜文章才好看。

林新华担任过中国晚报协会赵超构好新闻奖、中国城市党报分会年度好新闻奖和湖南新闻奖等多个新闻奖项的评委。他谈道："根据我当评委的经验，在评定好新闻时，在确认导向正确的前提下，对新闻素材的考量是第一位的。素材要有特色，要让评委眼睛一亮，过目不忘，拍案叫好。"

在王兮之看来，市、县级媒体获中国新闻奖作品，除有所有获奖作品的共性外，最重要的是紧扣当地特点，即素材是当地的，又是独家的。一般而言，重大新闻抢不过中央媒体和省级媒体，那就挖掘当地新闻素材，这是第一选择。

3.全国视角做好本土新闻

市、县级媒体身处新闻最基层，既要"低头拉车"又要"抬头看路"。低头：沾泥土、带露珠，挖掘"田间地头"的本土化新鲜素材与新闻事实。抬头：紧跟时代步伐，上接"天线"，反映时代主题、方向。

王敬仁是第二十四届中国新闻奖电视专题一等奖获奖作品《把粮食存到"银行"》的主创人员之一，也是宁乡市（县级市）融媒体中心的一名新闻工作者。他认为，县级媒体要深入基层、立足本地特色，采取平民化视角找准新闻突破口，但在挖掘新闻后要重视新闻报道的策划，对新闻的产生背景有宏观的把握，做到上接"天线"、下接"地气"，以全国视角做好本土新闻，只有这样才能出新出奇。

《把粮食存到"银行"》以农民为主线进行串联，用粮食种植户的平民视角对粮食银行的保价增值、统一存储、烘干等服务进行解读。同时，透视全国的粮食发展状况，从国家粮食安全的角度清晰地解答粮食银行如何发展、农民效益如何提升两个方面的问题。

发生在家门口的重大新闻，如何才能报道出彩？

第二十八届中国新闻奖消息类一等奖获奖作品——《创造港珠澳大桥的"极致"》的主要作者陈新年向传媒茶话会分享了创作经历。

2017年建成通车的港珠澳大桥,被誉为交通业界的"珠穆朗玛峰"。这样一个重大主题,《珠江晚报》是如何抓住机会的?

一个6000吨的海底隧道接头对接成功后,却要再安装一次。《创造港珠澳大桥的"极致"》的创作团队发现了背后的大新闻。

陈新年谈道,"如果说只是听他们讲述重新精调对接的过程,再把施工过程记录下来,这样的文章充其量只是一种纪实。为什么要再安装呢?再安装的决策是怎么出来的呢?他们难道没想到失败的后果吗?我们对多个焦点矛盾问题发出了追问,进行深度回访。了解到建设团队对大桥工程偏差控制到毫米级。这种对质量的执着追求和勇于担当的精神,不就是大国工匠精神吗?那一刻,稿件的主题已经在我脑海里形成"。

用具体的细节展示大国工匠的精神,让读者感受到大国工匠的胆识与智慧,提升新闻的价值。《创造港珠澳大桥的"极致"》创作团队展现了市级媒体不仅仅局限于本地区和本行业的新闻高度,而是远超地域的站位高度和宏大视野,这就是"站在天安门上看问题"。

4.迈开双腿跑新闻

与省级、中央级媒体通过走基层获取一手新闻点、材料不同,市、县级媒体最接近新闻现场,因此具有天然的新闻亲近性优势。然而,有时候这种优势反而被"视而不见"浪费掉。

王敬仁指出，目前县级媒体的新闻报道内容大都比较贫乏，浮于表层，没有把新闻与百姓的生活联系起来，而是在脱离基层、脱离群众。大事做不好，小事不想做，县级媒体也因此陷入了尴尬的境地。

王兮之也认为，"几乎所有鲜活的新闻都发生在基层，第一时间报道的按理说都应该是地市、县级媒体。我国市、县级媒体这么多，与目前获奖比例很不相称，获奖空间应该说还很大"。

没有用脚步去丈量土地，就不会有好的新闻作品，因为好新闻是用双脚跑出来的。

陈新年以获奖作品《创造港珠澳大桥的"极致"》为例，讲述了作品出炉过程。据陈新年介绍，为了做好这次报道，报社领导亲自带队拜访岛隧工程项目组，双方就报道方案做了深入交流。

在5月2日港珠澳大桥岛隧工程最终接头完成安装，所有媒体撤离后，为了对这一事件进行持续追踪报道，创作团队再次走上伶仃洋上的施工现场，率先体验已经贯通的海底隧道，才得知海底隧道要重新安装的消息。

陈新年谈道，"如果没有抢先体验海底隧道贯通的意识，就没有这次体验之旅，我们就抓不到贯通背后的独家新闻，就不会挖掘到表现工匠精神的精彩故事"。

基层一线是新闻的"源头活水"。王敬仁讲道，新闻的富矿在基层，作为离百姓生活最近的媒体，只有走进群众内心，

第一辑　你就是下一位中国新闻奖得主

深入调查研究，让人民群众当新闻主角，才能为读者送上沾泥土、带露珠、冒热气的新闻作品。

光明日报驻新疆记者站站长、全国优秀新闻工作者王瑟曾说，"好新闻是跑出来的，好记者是苦出来的。脚底板下出新闻——汗水永远是写作最好的墨汁。只有与采访对象深聊，才能体味真挚的感情，发现感人的细节"。

市、县级媒体具有贴近群众，接近新闻现场的优势，只有勤于跑腿、跑得快，才能"近水楼台先得月"，发现好选题、写出好的作品，跑赢中央、省级媒体。

同时，王兮之也特别提醒，中国新闻奖奖项设置不只消息、通讯类作品，还有报纸版面、新闻名专栏、融合创新等栏目。市、县级媒体要开放视野，全方位努力。

精选留言

新起点：

"站在天安门上看问题，站在田埂上找感觉。""市、县级媒体采写来自基层一线的鲜活新闻机会多，每一届的中国新闻奖评选中，就有许多这种来自基层一线的好新闻，它们成功的诀窍往往是小视觉预示大变革、小细节折射大问题、小人物反映大主题、小变化展现大成就。"

"好新闻是跑出来的，好记者是苦出来的。脚底板下出新闻——汗水永远是写作最好的墨汁。只有与采访对象深聊，才能体味真挚的感情，发现感人的细节。"

这篇文章写得太好了，作为基层宣传干部，对文中的观点深有感触。希望自己以后可以创作更多的优秀新闻作品。

巧用倒金字塔结构，你就是下一位中国新闻奖得主！

本文首发于2020年6月28日
作者：叶莉

美国学者研究显示，倒金字塔结构占到美国新闻总量的80%。如何才能用好倒金字塔结构？

传媒茶话会对话新华社智库世界问题研究中心主任、高级记者夏林，中国经济传媒协会副会长、经济参考报前总编辑杜跃进，中国妇女报采访中心主任乔虹，中国自然资源报社新闻工作一组副组长、第二十八届中国新闻奖一等奖获得者薛亮，新华社新媒体中心记者冯松龄。

导语：用场景、观点点亮读者的眼睛

新媒体时代，用户被各类信息包围，报纸、杂志、电视、

广播、各种资讯类APP、各类自媒体账号、社交软件……超载的信息让用户变得更加浮躁，很少有用户能够将一篇几千字的文章从头到尾阅读完毕。一旦导语没有勾起用户的兴趣，用户就会迅速选择退出。

"导语部分切忌讲废话，要把最重要的、最闪耀的部分放在导语里。"夏林认为，一些自媒体从业者由于没有经过专业的新闻写作训练，所以在导语上会写得啰唆。

1949年4月20日午夜时分，中国人民解放军在毛泽东、朱德的指挥下，进行渡江战斗。4月22日2时，新华社在播发如此重要的新闻时，导读仅用了一句话：英勇的人民解放军21日已有大约30万人渡过长江。

大军三十万昨日渡过长江

新华社长江前线1949年4月22日2时电 英勇的人民解放军21日已有大约30万人渡过长江。渡江战斗于20日午夜开始，地点在芜湖、安庆之间。国民党反动派经营了三个半月的长江防线，遇着人民解放军好似摧枯拉朽，毫无斗志、纷纷溃退。长江风平浪静，我军万船齐发，直取对岸。不到24小时，30万人民解放军即已突破敌阵，占领南岸广大地区，现正向繁昌、铜陵、青阳、荻港、鲁港诸城进击中。人民解放军正以自己英雄式的战斗，坚决地执行毛主席、朱总司令的命令。

什么是"最重要的、最闪耀的部分"？就是公众最关注的信息。当时，"30万人渡过长江"就是全国人民最关注的信息。

如何在导语中利用核心信息吸引公众的注意力？

杜跃进表示，导语可以用事件中的典型细节来引人入胜。

第二十九届中国新闻奖文字消息一等奖作品《23年圆梦，福建晋江水流进金门》的导语是这样写的：

"来水了！来水了！"5日上午，随着来自福建晋江、穿越约28公里陆海输水管道的碧水，在金门田埔水库喷涌而入，3000多名围观的当地民众欢呼雀跃。

夏林认为，这则导语一方面描述了一个场景，生动形象，具有画面感。另一方面，整段导语切口小，但历史背景大，以小见大反映了习近平总书记在福建省工作时对金门同胞的牵挂，也凸显了"两岸一家亲，闽台亲上亲"的情感。

中国妇女报采访中心主任乔虹也说，"除了最重要的信息和最生动的细节，最直接的观点也可放在导语里"。

第二十八届中国新闻奖文字消息二等奖作品《安徽阜南8275名学生今年"回流"乡镇学校》的导语这样写道：

对教育是否满意，人们会用脚投票。根据安徽省阜南县教育局日前摸底的结果，今年阜南县共有8275名农村学生从城区和外地"回流"至该县的乡镇学校。

乔虹认为这条导语在直陈事实的基础上，第一句话一语中的，直接阐释了观点。这表明倒金字塔结构开头的核心内容不必拘泥于新闻事实，也可是文章的新闻观点。

在乔虹看来，无论核心内容是什么，都要求简洁凝练。《安徽阜南8275名学生今年"回流"乡镇学校》的导语，即使加上新闻观点也只有61个字。

李希光甚至认为，导语控制在50个字以内最佳。

如，1945年8月14日，美国杜鲁门总统宣布，日本已无条件投降。美联社在抢发这条爆炸性的新闻时，导语仅仅5个字：日本投降了。

杜跃进认为，新闻导语有一定之规，但又不拘一格。"一定之规"体现在简明洗练的重要事实、新颖观点、典型细节等，寥寥数语，引人入胜。"不拘一格"则往往体现了记者的综合素质：脚力、眼力、脑力、笔力、创新力和"语不惊人死不休"的职业专注与忠诚。

主体：添加细节，按新闻价值递减原则放置

导语之后，便进入了文章的主体部分。就像电影，在片头展示完最冲突的剧情后便开始讲述故事的主体。

乔虹认为，文章的主体要对导语提到的新闻信息加以说明展开，对新闻事件中比较重要的内容进行详细的解释、阐述。

《安徽阜南8275名学生今年"回流"乡镇学校》的主体部分是这样的：

"春季开学时，有3964人；秋季开学时，有4311人，农村学校普遍出现'回流热'。"阜南县教育局局长陈刚说，这些学生中许多人过去在县城的公办和民办中小学就读，还有一些跟随父母在沿海务工地上学。"回流热"的成因在于当地大力推进义务教育均衡发展，农村办学条件得到改善，教师结构更加优化，家长、学生不愿再"舍近求远"。

乔虹认为，该段具体解释了导语中的数字和新闻观点。在其后的几段中，记者又进一步补充了新闻发生的背景、经过。整篇消息只有700余字，文字干净、内容充实。

中国自然资源报社新闻工作一组副组长、第二十八届中国新闻奖一等奖获得者薛亮也说道："导语后的段落中，除了可展开对导语内容的扩充，描述新闻细节、补充新闻故事等，还可按照新闻价值递减原则，或者受众关心程度多维度安排材料。"

1865年4月16日，美国前总统林肯遇刺。陆军部长斯坦顿写了一篇堪称倒金字塔范例的报道发在了《纽约先锋》的头条上。内容如下：

陆军部，华盛顿4月15日凌晨1时半电：

今晚大约9时半，总统在福特剧院同其夫人及哈里斯夫人、拉思本少校一起看戏时遇刺，刺客是在闯入总统私人包厢后从总统身后开枪的。

随后，刺客挥舞凶器，跳上舞台，向剧院外逃去。

子弹击中总统后脑后，几乎穿透大脑，伤势惨重。

总统已不省人事，生命垂危。

大约在同一时间，一刺客（不知是否为同一个人）借口检查房间闯入国务卿苏厄德先生的公寓，冲进卧室向其咽喉连刺大约二至三刀，同时还向其面部猛刺三刀。

我真希望伤势不是致命的，真希望他们能幸免于难。

在这则报道中，主体部分仅162个字，但是却在极为有限的篇幅内描述了三个比较重要的事实——林肯遇刺的细节、刺客逃跑，以及同一时间国务卿苏厄德遇刺的经过。

薛亮说，倒金字塔结构要求记者在写作时按照新闻价值的高低组织素材，每一个段落都能形成一个独立的段落，表达独立的意思，同时要尽可能地简洁、精练。

结尾：可"虎头蛇尾"，亦可夹叙夹议升华主题

由于倒金字塔结构按照新闻价值的重要性来排列素材，这样就使得作品多是"虎头蛇尾"。

"基于倒金字塔结构时效性在前，解释说明性在后的特点，一般情况下，倒金字塔结构的结尾也可以介绍事件的背景材料、历史渊源等。"新华社新媒体中心记者冯松龄说道。

第二十九届中国新闻奖二等奖消息类作品《蓝田发现迄今为止中国最早的人类活动痕迹》的结尾就是这样的一个例子：

据该文表述，学术界普遍认为古人类可能起源于非洲。人类最古老的化石，是来自埃塞俄比亚的一块约280万年前的骸骨。非洲以外发现的最古老的古人类是位于格鲁吉亚的德马尼西人。在德马尼西遗址发现了大量约185万年前至178万年前的多种古人类遗骸与人工制品。中国云南元谋曾发现两颗可能属于直立人的门牙，其历史在170万年以上。此前在蓝田公王岭发现的直立人头盖骨，最近确认其历史大约距今163万年。而这次发现上陈村有古人类存在过的证据，主要是分布在发育完整和连续沉积的风成黄土——古土壤地层中人工打制的石器。该发现将古人类离开非洲的时间前推到约212万年前，比格鲁

吉亚的德马尼西遗址显示的时间还要早约27万年。

冯松龄认为，在文末，记者以人类活动遗迹的历史发现情况结尾，既满足了读者对新闻事件的好奇心，又能使读者明白这一研究的进展，并通过对比让读者了解到这一发现的重大意义，与导语相呼应。

在实践过程中，不少记者也对这种结尾进行了一些尝试性的优化。

薛亮就认为，结尾要升华主题，在揭示事实的重要性时，亦可夹叙夹议。

第二十八届中国新闻奖二等奖获奖作品（消息类）《井冈山在全国率先脱贫"摘帽"》的结尾部分是这样的：

井冈山已具备了全覆盖、可持续的产业"造血"功能，"一户一丘茶园、一户一片竹林、一户一个果园、一户一人务工"的产业格局，为井冈山在脱贫"摘帽"之后，朝着全面小康更高目标前进奠定了坚实基础。

薛亮认为，与一般的倒金字塔结构"虎头蛇尾"不同的是，该篇消息在结尾处通过对井冈山已经形成的全覆盖、可持续产业造血功能的叙述，总结并升华了中国革命摇篮井冈山脱贫"摘帽"的现实意义。这样的处理方式，不仅避免了倒金字塔结构头重脚轻现象的发生，还能让结尾成为整篇文章的亮点与精华所在，读起来铿锵有力，令人回味。

杜跃进表示，我们既不能因"倒金字塔结构"历史悠久而奉之为圭臬或教条，也不能因其相对于多样化表达需要的局限性而弃若敝屣。文无定法，倒金字塔只是消息写作的一种结构形式，形式为内容服务，不要为了倒金字塔而倒金字塔，哪种结构最易呈现信息、吸引读者，就应采用哪种结构写作。

精选留言

吴彤：

好文！特别欢迎这种与实践相结合的好文！更期待有一篇把倒金字塔与华尔街日报体进行对比的文章！

第二辑
好稿是怎样"修炼"成的?

第二辑 好稿是怎样"修炼"成的?

何为镇版报道?记者采写气质应当如何养成?

本文首发于2018年6月14日
作者:冯诚

在自媒体疯狂生长、传统媒体纷纷转型的今天,优质内容依然是"一生二,二生三,三生万物"中的"一"。曾任新疆、甘肃、湖北、江苏四地新华社分社社长的冯诚认为,"镇版报道"便是这个"一"。

冯诚历任新华社四个国内分社社长和首席记者,时间长达20年。这样丰富的经历,在中央主要媒体都极为罕见。该书将以他领衔采写的一批亲力亲为镇版报道为案例,尝试给出重点新闻通讯报道的策划采写秘籍。

自媒体时代,主流媒体还需要"镇版报道"吗?

何为"镇版报道"?

▶ 055

简言之,就是媒体和采编人员精心谋划、重点经营、稿件分量重、刊登于版面重要位置的报道。对于传统的报刊纸媒来说,头版头条包括其他版面头条就是最有分量的镇版报道,代表着当期的报道重点和写作水平。

对于记者来说,争取上头条,特别是头版头条(包括新媒体版面头条),也是在所不辞的专业追求。而在镇版报道中,通讯报道显得尤为珍贵。因为新闻通讯的策划采写考验的是记者的综合业务素质,历来被看作检验新闻工作者采写能力的试金石。

当今移动互联网时代,媒体生态和传媒格局震荡裂变重新洗牌,全媒体业态快速成型,融合报道成为时尚,自媒体疯狂生长,传统媒体纷纷转型。信息传播碎片化、新闻产品快餐化、媒体呈现和用户体验方式多元化,传媒新概念、新名词、新形式层出不穷,喧嚣声声。

新媒体信奉的是技术为先、渠道为重、包装为要、融合为尊,谁在无人机拍摄、机器人写稿、大数据整合、微平台推送方面先人一步,谁就想执牛耳。

传统媒体"生存还是死亡,这是一个问题"。

但是,当技术创新和平台渠道的动能有效释放时,人们最终发现,无论终端呈现方式如何千变万化、五花八门,都离不开具有深邃思想的文字表达和文本原创这个"基石",独家原创的文本精品和"镇版力作"始终是不可或缺的"定海神针"。

新华社从来没有放松过对记者文本写作的严格要求。恰恰相反,时至今日,它遍布国内外所有分支机构的一线记者仍然把深入基层调查研究、采访写作"有思想、有温度、有品质"的精品力作当作至尊追求,从而为海内外千千万万受众和五光十色的媒体终端提供着丰富多彩的原创精品。

与以往不同的是,基于全媒体报道新模式,新华社记者的文本写作也在颠覆固有概念,其采访、写作已经与编辑、制作、分发融为一体,与音频、视频、网络、客户端等多向适配顺畅交互,它要求记者从采集源到传播端全流程谋划,使文本稿件能够一源多端,实现传播效应最大化。

主流担当,这是记者的天职

新华社历来要求记者要有全国意识、全球眼光,站位要高,视野要宽,格局要大。"笔下有财产万千,笔下有毁誉忠奸,笔下有是非曲直,笔下有人命关天。"(新华社前社长郭超人语)

报道内蒙古呼格吉勒图案的新华社记者汤计,在呼格案洗冤后,被请到新华社大礼堂为同事们作报告。他讲到,多年间,他冒着人身危险,一而再、再而三,连续9次为一起冤案采写内参等各类稿件。

每一次稿件送到总社,从值班编辑、签发人,到部主任、社领导,每一个人都为之"开绿灯",没有一个人设置过一点点障碍,这正是他坚持到底的勇气和力量源泉。讲到这里时,台上台下一片哽咽。这就是主流担当的品格和境界。

后来,汤计到江苏分社,与采编人员分享交流,他讲到一件事:有一次,新华社内蒙古分社社长应邀与某市一位领导见面交流，两人叙谈甚欢，而后在送分社社长回单位的路上，这位市领导突然说："社长，你让汤计再不要给我们找麻烦了，要不然我就把他抓起来。"社长一听，不由分说，让司机立即停车，并警告这位市领导："你抓汤计之日就是你的末日！"说完扬长而去。

这就是新华人面对是非曲直、毁誉忠奸时的选择。

有为民情怀，才能接地气、感动人

邹韬奋先生20世纪30年代办《生活》周刊时，倡导以普通人为服务对象，"简直随他们的歌泣为歌泣，随他们的喜怒为喜怒，恍若与无数至诚的挚友握手言欢，或共诉衷曲似的"。

为民情怀应该是一个好记者的职业初心，有了为民情怀，议题设置、报道立足点就接地气、有温度了。

2011年初，我从湖北调江苏工作后，连续几个月跑遍全省的市县乡村，用一个新闻人的眼光审视着这个沿海发达省份的与众不同。半年下来，有三件事触动了我。

第一，6月中旬，省委、省政府主要领导下农村蹲点搞调研，一连几天吃住在农家。省领导带了头，市、县各级领导干部都纷纷进村入户察民情、解农愁。农村经济已经很发达的省份，粮食产量当时居全国第三位，还有如此深的"三农"情结，殊为不易。

第二，在苏北宿迁市调研时，市领导不是先向我们介绍城区的楼房马路、园区项目，而是把西城区绿色开发、生态建设郑重介绍，这在湖北一些地市很少见。

第三，到淮安调研时，宣传部门一定要我们看看他们的漕运博物馆；在扬州调研期间，宣传部同志说，他们一个市已建和在建的文博场馆很快就达到100个了。这也是中西部许多地市无法企及的，因为一要有情怀，二要有实力。

这三个事例，在江苏既具有"点"的典型性，又具有"面"的普遍性，它反映的是江苏在经济社会发展到较高水平后的一种理念升华和现实成效。

在当下，一个进入后工业化时代的经济大省，如此重视"三农"、重视生态、重视文化，这样的发展理念，无疑是有前瞻性的；再者，这种发展理念，说到底，是要看淡速度攀比、政绩崇拜，注重打基础、管长远，立足于民本情怀、可持续发展。

"四力"锤炼，需练就过人功夫

"四力"即脚力、眼力、脑力、笔力，它包含深入实际、深入群众调查研究的高度自觉和持久定力，包含独到的媒体眼光和敏锐的新闻发现力，包含对社会万象的深刻思考和对事实真相的辨别能力，包含对稿件写作的成熟素养和对各种文体的驾驭能力。

"脚力"是新闻报道的基础，就是强调行走到新闻事件一线和现场去。"文生于情，情生于身之所历"，坐机关、编材料，不愿走下去、蹲下来吃苦受累，深入调研采访，如何写出"沾泥土""带露珠"的好新闻？历史上，著名记者范长江的新闻名篇《中国的西北角》和《塞上行》就是他在极其艰苦的采访条件下，行走大半个中国写出来的。

"眼力"就是发现力，就是要善于观察、善于判断、善于辨别，以唯物辩证法为"显微镜""广角镜""望远镜"，练就一双能"见人之所未见"的慧眼。

2016年8月，江苏省委宣传部门组织中央驻苏和省内主要媒体到工业大市无锡采访经济转型发展，我带着分社两位记者一同前往。

我们发现，无锡这个百年工商业名城和苏南乡镇企业的发祥地，因为资源环境问题的窘迫和低端产能的制约，被迫先人一步，转方式调结构，进行供给侧结构性改革，推动"三去一降一补"，抢抓"一带一路"倡议机遇，实现动能转换，全市经济在连续七八年下滑后企稳向好。

深入采访实地考察后，我们得出判断：无锡经济的拐点已经出现，当初发稿时，无锡当地并无"无锡拐点"之说，因为经济止跌向好的势头毕竟刚刚出现。但后来的发展走势证明，我们的判断完全正确，迄今为止已两年8个季度良性稳步增长。这篇稿件也荣获无锡对外报道特等奖。

"脑力"是决定新闻作品水平高下的关键。思想是新闻的灵魂，新闻作品的影响力取决于报道思想的穿透力。只有永不停歇地锤炼"脑力"，才能采写出具有深刻思想内涵和卓越气质品格的新闻作品。"让人惊不如让人喜，让人喜不如让人思。"置身自媒体时代，困扰于"标题党"的泛滥和"抢眼球"新闻的满天飞，人们最需要的还是有责任有担当的媒体打造出更多引领舆论、成风化人的精品力作。

"笔力",也就是对新闻事实的呈现能力。在文本写作中,文字表达要做到准确、鲜明、生动,要学会运用各种新闻文体,熟练掌握消息、通讯、特写、评论、调查报告、记者来信、采访手记等写作规律。

需要指出的是,在今天,笔力,已不仅仅是传统意义上的文字写作能力。它既包括文字内容的写作能力,同时包含着媒体和记者将全媒体、数据化思维灌注于策划、采集、加工、分发、反馈全过程的综合素质和能力。

诗意表达,记者新闻写作的境界追求

"有思想、有温度、有品质"的"三有"新闻精品标准中,其温度和品质在很大程度上体现为作者诗意表达的能力。

标题的制作、导语的打磨、结构的设置、细节的描写,遣词造句,取舍剪裁,山重而水复,处处有诗意。

比如,悼念邓小平同志的新闻经典《在大海中永生》中,多处采用排比、反复、回环的修辞手法,饱含深情地把伟人非凡的一生和卓越的贡献像影视镜头一样拉近到读者眼前,把现场的沉痛氛围和哀悼情绪不断推向高潮。

新闻作品绝不是一般的应用文写作,新闻作品在广义上也是文学作品。新闻作品的气质和品格既包含内容的传播价值,也包含写作的文采素养,要在长期的采写实践中渐修提升。

如何写好新闻评论？有刀锋、讲逻辑、有增量

本文首发于2020年6月10日
作者：李磊

新闻评论写作就像是做菜，厨艺精湛的大厨能从选材到刀功，再到烹饪全程掌控，保证最终端上桌的菜品色香味美俱全。

新闻评论这道"大菜"该如何烹制？

传媒茶话会对话人民日报评论部副主任张铁，现任浙大城市学院传媒与人文学院新闻系主任、高级记者，时任钱江晚报评论部主任李晓鹏，中国人民大学新闻学院副教授马少华。

找选题就像厨师选食材

好的选题是文章成功的一半，对于新闻评论也是如此，

只有选题好，传播效果、舆论引导效果才能好。写新闻评论就像是做菜，选什么食材作为主要原料，决定了最终端上桌的是什么菜。

如何找到合适的选题角度？一位优秀的厨师在选材时，是基于多年的烹饪经验，而不是拍脑袋决定。

马少华认为，新闻评论选题有的产生于扑面而来的新闻事件，有的产生于静观默察的个体心灵，有的产生于媒体自身长周期的策划。

对于第一类的情况来说，好的选题并非取决于事件本身，而取决于评论的作者或者机构在共同面对同一个有着很大影响的新闻事件时，自身已经具备怎样的知识储备和判断、分析经验。正是由于这种素质上的差异，同一个新闻事件对于不同的作者和媒体而言，其实是不同的选题。

比如，2018年10月间，湖南省新化县一男子伪造坠河现场骗取人身保险，他的妻子或难以承受打击，或因为生活压力携儿女自杀。网传也有"殉情"之说。《新京报》发表张丰的评论《男子骗保假死事件：别被"妻子殉情论"模糊了焦点》，把论题确定在乡镇女性的生存困境问题上，这就是评论者的经验——对中国社会的经验和对人生的经验。

尽管看起来事件性的选题似乎占据了绝大部分，但在观点市场激烈的竞争中，真正超越他人的选题实力，在于个体的静观默察和机构的长周期策划。

2019年获得普利策新闻奖社论写作奖的系列社论，就是《纽约时报》的布伦特·斯台普斯在2018年一年中写作的以美国历史上的种族歧视为主题的10篇作品。把那一段黑暗的历史与当下分散地发生在美国各地的新闻事件结合起来，显示出历史与今天的关联。

在马少华看来，《纽约时报》这样一个选题，包括它的结构和表现方式，不是偶然产生的，而是长周期思考、策划的结果。好的选题，需要在对社会的深入观察和思考中发现。

张铁告诉传媒茶话会，"好的新闻评论选题，最好是能从点到面、由面到里的选题，是从事件中能观世相、察时风的选题，是能把大江大河的奔涌和一枝一叶的生长结合在一起的选题"。

李晓鹏认为，至于什么样的新闻事件可以成为选题，应该从时代性、公共性和时效性三个维度去找。

时代性就是评论选题必须从反映这个时代面临的主要矛盾中去找；公共性就是受众所关注的重大问题，比如，社会公平、教育问题、医疗问题、房地产、股市，都具有公共性；时效性就是聚焦于社会话题、矛盾的最新进展、最新动态。"昨天的旧船票上不了今天的客船。"

立论要有"刀锋"

做菜大厨都会配备一把快刀，如果刀不快，刀功也不会好，刀功不好就会影响美味佳肴的口感。好的评论应该是一把锋利的刀，立论就是这把刀的刀刃——观点明确、立场鲜明，评论这把刀才能锋利。

人民日报原副总编辑米博华认为,读言论时,首先是看观点、看见解。观点、见解是第一位的。观点新颖、见解深邃,即使修辞略显简陋、笔法略显稚嫩,仍是可观的作品。

李晓鹏谈道,"新闻评论一定要有好的观点。所谓好的观点,一方面,指新闻评论一定是有自己的真知灼见,独特的观点,不是人云亦云的大路货,更加不应该是正确的废话,没有针对性的观点;另一方面,也要求新闻评论要有明确的指向性,没有指向性就缺乏引领舆论的作用,就不可能是一篇好的评论"。

《中国青年报》编委曹林撰文指出,评论是"片面"的深刻,所谓片面的深刻是说,新闻评论不是所有观点的汇集和堆砌,而应该是在纷繁的信息中提供一种不同的思考角度,提供有附加值的判断,宁要片面的深刻,不要肤浅的全面。

不同的评论人会从不同的视角看问题,"横看成岭侧成峰,远近高低各不同",这时候是一种"视角竞争",比拼谁的角度更能够让人看到更深入的、不同的东西。

"新闻评论很多时候针对的是单体事件。这些事件看似偶然,但如果深入其肌理,可能会发现背后更深层次的理由。"张铁谈道,新闻评论要做的,很多时候正是把事件放入时间的纵深、社会的经纬中去观察。从立论的角度看,可以从事件到现象、从偶然到必然进行把握和挖掘。

2017年3月的"于欢案"后,人民日报评论微信公众号发表了一篇评论,叫《法律如何回应伦理困局》。文章从公众对于这一案件的强烈反应出发,提出法治需要更多地正视"人心经验"的立论，既关注事情，更关注舆情，关注人们对于此事的认识、看法乃至情绪，从中发现事件背后的"真问题"，成为这一事件中流传甚广的一篇评论文章。

没有逻辑支持的观点是坏观点

厨师烹制每一道大菜，先放什么、后放什么，什么时候火要大，什么时候火要小，多长时间起锅，都会有一个完整有序的操作环节。对于新闻评论而言，就是要讲究论证的逻辑性。

曾任长江日报评论理论部主任、文化报总编辑的赵振宇认为，"评论属于逻辑思维。评论的本质定位为我们提供了一种特殊的思维模式和思考问题的方式"。由此观之，新闻评论归根结底是作者逻辑思维能力的体现。

如何让新闻评论充满逻辑性？

李晓鹏对传媒茶话会讲道，"严密的逻辑才能更好表达自己的观点，让受众信服，得不到逻辑支持的观点，必然是坏的观点。逻辑严密的新闻评论是讲事实、讲价值观、讲常识的合体"。

第一，评论的逻辑要讲事实。新闻评论必须根据真相才能做出，评论员只能根据收到的信息做出判断，由于新闻报道的偏差，评论员也会受到假新闻的影响，做出错误的判断。有时候需要让新闻飞一会儿，有时候需要评论员自己做出判断。

金庸有个题词，就叫"评论自由，事实神圣"，现在之所以陷入所谓的后真相时代，其中一个很大的原因就是评论不顾事实，或者在事实没有完全出清的情况下，就开始评论，导致事实不够用了。

第二，评论的逻辑要讲价值观。价值观是立场，是标准，是出发点，也是最终的归属。因此，在同一篇文章里，所确立的价值观必须是统一的、恒定的，不能自相矛盾，自己打脸。

第三，评论的逻辑要讲常识。常识是逻辑的起点，什么是常识，就是被社会大多数人所共同接受的知识，简单讲就是大众生活认知。新婚之夜抄党章、某市纪委突击检查教育系统办公室等都是违背常识的。

除了要讲逻辑、事实、常识，论证逻辑也要讲"两面法"。张铁认为，就是既看到A面，也不忽略B面，更多从反面想想，看看不同意你观点的人会用什么方式来思考和反驳，在此基础上再次检视自己的观点和论证，评论可能会更客观、更理性。

范敬宜撰写的很多评论都摒弃了"非黑即白"的思维定式，透出强烈的辩证色彩。他的一些作品标题，即以"辩"为名，比如，《"回头路"辩》《倒退辩》《单干辩》都针对当时改革中或者社会中存在的问题用说理的形式，全面论证剖析，让读者信服。

张铁认为，面对言语纷呈的舆论生态，评论员需要学会用思想、用专业、用情感来跟公众对话、跟时代对话，实现与受众的有效链接，在此基础上来凝聚共识、提供方法，促成更理性、更健康也更轩敞的公共讨论。

论据要有增量价值

文章有没有价值，关键就在于有没有增量，新闻论据的作用在于提供附加价值。

在李晓鹏看来，论据当然是要服务于文章的基本观点和逻辑，但如果仅仅是一种服务，那么并没有发挥论据的作用。一篇好评论的论据，必须具有增量价值，具体分为信息增量和情感增量。

李晓鹏进一步分析道："遇到经济问题，你要拿出市场理论，成本效率分析；讲到互联网问题，你要有产品思维、用户思维；讲到党的政策，你就要对领导人的讲话全面了解，知道这个政策在他的谱系中处于何种位置。你把这些都展示出来，就是比别人高出一筹的信息增量。"

价值增量还有一种，就是情感增量。李晓鹏说："过去的评论，不注意情感因素，甚至可以回避情感。但是现在不同了，传播方式发生了根本变化，大喇叭小喇叭都退场了，社交媒体传播时代应特别注重与读者的对话、替读者说出他们想说的话、找到和读者的情感共鸣，这样的评论观点才能润物无声，成风化人。"

评论员的笔端不仅有文字的力量，还有情感的倾注。人民日报原副总编辑卢新宁认为，一个好的评论员，不仅要有理性的力度，也要有感情的温度；不仅要有肝胆，更要有心肠。做评论，比缜密逻辑更重要的是价值判断，比滔滔文辞更重要的是责任担当。

论据要做增量，具体如何增？

张铁认为，使用论据最基本的一点是，论据必须真实可靠。如果论据立不住，论证也就不靠谱了。在此基础上，使用论据可以是"万物皆备于我"，多一点发散思维、多一点思考角度，就会发现很多事在论证中都可以"六经注我"，即为我所用。

另外，论据的增量源于对新材料、新案例的运用。陈词滥调、材料老套、案例陈旧，这些都是论据新颖的绊脚石。新闻评论员应该通过采访，广泛阅读获取历史典故、一手资料；多储备趣味性、故事性强的生动事例，以便为论证所用。

人民日报原总编辑范敬宜的很多评论都是由一件发生在身边的小事开篇，而后层层解剖，说出关乎国计民生、涉及道德行为的大道理。

比如，《少干那种千墙一面的蠢事》便是从墙的颜色说起，谈到改革新形势下"生活应该变得丰富多彩、气象万千"，批评"把所有的墙都刷成红色"会造成"人们的生活刻板、思想僵化"；《别了，"托马氏架"！》则从自己腿受伤住院需要用"托马氏架"固定谈到思想的束缚和僵化成为习惯的可怕。

精选留言

奇光异彩：

　　评论的精彩在于"评"和"论"上！"新闻"即是人们初步观闻的事情或事件！如何把论点推到读者赞同和支持的位置是作者的努力方向！！当然，遵循正义道德应该是每位评论人起码的要求！违背事实的评论只能叫"诡辩"！

光明日报资深记者：写有温度的新闻，讲有灵魂的故事！

本文首发于2018年10月24日
作者：王丽遥

你知道孔繁森、王继才、赵亚夫、徐洪刚，听说过景荣春、胡永钊、徐其军、李银江，还记得汶川地震中的映秀中学校长谭国强、直升机长邱光华，可你也许并不知道，这些感动全国的人物都是经过他参与采访报道而被大家熟知的。

他，就是光明日报社资深记者郑晋鸣。

从业37年，光明日报江苏站站长、高级记者郑晋鸣对于"四力"有着自己的感悟和理解。

"'走转改'与新闻工作者'四力'完全是异曲同工。"郑晋鸣这样认为。正如人民日报评论员所称，"四力"既是构成本领能力的重要内容，也是提升本领能力的方法路径。他要求新闻工作者不断增强脚力、眼力、脑力和笔力，并把其内化为自身自觉的本领能力和职业素养，进而运用到每一次采访之中，深入实际、洞察民情、深入思考，著成真正有灵魂、反映人民与时代呼声的文章。

郑晋鸣告诉传媒茶话会，新闻工作者要真正做到"四力"非常不易，"'四力'是对新闻记者的最低要求、最高标准，要做到最低要求很容易，要做到最高境界、最高标准，很难"。

接"地气"，迈开脚才能有灵气

"记者就应该在基层，记者只有在基层，才能写出有灵魂的稿子。"郑晋鸣不止一次提到记者迈开双脚，深入基层、深入现场的重要性。

郑晋鸣表示，关于王继才的报道早已有之，2004年就有媒体报道过王继才夫妇，两人还上了电视节目。但由于采访都不够深入，因此并没有引起更广泛的反响。"几乎都没有上过岛，没有在岛上生活过，即使有上去过的，但待了几个小时就下去了。"郑晋鸣对传媒茶话会说，记者要采写出有深度的报道，必须迈开脚，能跟上。

"我如果不是上岛住了5天，也写不出这个东西。"郑晋鸣这样说。亲上开山岛后，郑晋鸣写下了《两个人的五星红旗》《开山岛上的团圆饭》等多篇文章。

郑晋鸣表示，不亲上开山岛，就体会不到王继才夫妇只能以岛为伴的孤独和寂寞；不亲上开山岛，就听不见王继才半夜喝醉才流露出的点点心声；不亲上开山岛，就看不见夫妇二人刻在树上的"热烈庆祝北京奥运会胜利开幕""钓鱼岛是中国的"等文字，一笔一画之间满是对祖国的热爱。

2012年，郑晋鸣在《走不尽的山路，抹不完的泪》中报道了在大山中坚守讲台43年的乡村教师胡永钊的事迹，在全国引起关注。

胡永钊从家到学校有5公里的山路，为了体会胡永钊每日所走的教书路有多艰辛，郑晋鸣亲自走了一回。

"山头连着山头，仿佛永远也走不完，一路上几乎全靠爬着走。"有了这样的亲身感受，郑晋鸣意识到比起胡永钊身中11刀仍勇斗歹徒的事迹，作为乡村教师的胡永钊更让人感动。"一个能43年如一日走这样一条崎岖山路的人，他所走的人生路，就注定是一条不平凡的路。"

进入互联网时代，记者获取信息的渠道、方式有了更多便利的选择，但只有迈开脚，深入现场，用心去感受，才能写出真切感人的故事。郑晋鸣表示："记者不只是要始终在路上，关键要深入实际中去，要会吃苦、敢吃苦。"

有眼力，一定要能发现平凡中的伟大

在看似平常的细节中，如何发现平凡中的闪光点呢？

"王继才的伟大就在于一辈子只做一件事——为国守岛，

守好岛家就安宁,守好岛就是卫国,这很高尚。"郑晋鸣这样说道,"为了守岛,王继才奉献的不是一代人,而是两代人!"

父母重病离世,王继才没能守在身边;大女儿为了照顾弟妹,早早辍学在家,大字不识几个;小儿子王志国出生后就生活在岛上,6岁才被送下岛上学,却因长期的岛上生活很难与人交流,因而3次辍学。

将不易察觉的细节有机串在一起,能够折射出人性的光辉。

孔繁森是新中国成立以来的重大典型之一。1994年,为了制定将西藏阿里地区经济带上新台阶的规划,孔繁森率队赴新疆塔城进行边境贸易考察。陪同孔繁森考察的郑晋鸣敏锐地察觉到,"14天内,孔繁森为阿里地区解决了10件大事,这个人真的很伟大!"

当年11月29日,孔繁森在完成任务返回阿里途中,不幸发生车祸,以身殉职,时年50岁。之后,郑晋鸣踏着孔繁森在新疆留下的足迹重走4000多公里,采访曾与孔繁森接触过的人,写出了《孔繁森生命的最后十四天》,让这位人民的好干部被大家所铭记。

同样,患病6年,没有耽误一堂课的江苏科技大学教授景荣春、劳累过度患上肾衰竭并发尿毒症,拖着病躯在讲台上一站就是9年的徐其军……

郑晋鸣说,每一个在生活中勇往直前,在岗位上艰苦奋斗、兢兢业业的平凡人物背后都蕴含着伟大的精神,记者要做的便是去发现这些"角落里的光辉"。

有脑力，就是会思考

思考社会需要的价值取向，透过现象看见本质。"报道没有正面、负面之分。它起到的效果是一样的，都是在推动事情的解决，推动社会的进步。"

对于王继才的故事，郑晋鸣告诉传媒茶话会："王继才身上体现出来的精神是一种时代价值，是一种价值取向，我们社会正需要。"

2004年，当国内正沉浸在为经济快速增长而喝彩的喜悦中时，出访美国归来的郑晋鸣写下了《增长并不等于发展——管窥江苏的经济增长方式》一文，指出"光用国内生产总值的多少来衡量一个地区的发展是不科学的"。这篇文章犹如当头棒喝，对江苏经济发展方式的转变起到了重要作用。

1998年，马鞍山到南京长江段，有人毁堤非法采沙，郑晋鸣一下子想到了洪水袭来的严重后果，此事关乎沿岸千家万户的安宁，于是写下了《采沙毁堤何时休》一文；2011年，透过南京修建地铁时的"梧桐让路事件"，郑晋鸣看到了城市建设"重面子轻里子"的问题，连续3天现场采访，写下了一系列报道，受到了中央高层的重视。

郑晋鸣曾在采访中表示："我写新闻，希望在社会哭的时候，不要哭得太伤心，笑的时候不要笑得太狂妄。"

有脑力，多思考，思考社会需要的价值取向、思考每一个事件背后的影响，透过现象看到本质，把为百姓、为推动社会进步的信念融入每一次报道。只有这样，记者才能被称为社会的良心。

笔力，关键在于有真感情

在同事的眼中，郑晋鸣是一个糙汉子，有人问他怎么能够写出那么细腻的文章，他回答道："人是有感情的，那不是细腻，那是我真心的表白。"

"写《两个人的五星红旗》这篇稿子，我自己都掉了无数次泪。"王继才去世后，郑晋鸣再次登上了开山岛。"我那天在岛上，是整整32年唯一一天没人值守，因为王继才躺在太平间。"而后，郑晋鸣写出了《坚守32年 王继才永远留在了开山岛》，再一次感动了无数人。

写文章、讲故事，郑晋鸣认为自己要先完全融入进去，一定要先把自己感动了。自己的真情流露胜过华丽辞藻万千。

郑晋鸣不止一次提到，汶川地震的采访经历是他最难忘的。除了采访过程艰辛，自己遭遇无数危险外，更让郑晋鸣难忘的是在地震灾区里遇见的那些平凡却伟大的人。

在汶川，郑晋鸣看到了已经退居二线却主动请缨前往一线，最终不幸牺牲的直升机长邱光华；看到了背着女儿尸体，一路哭哭笑笑、一路走走停停，40分钟的路程走了13个小时的平凡父亲；看到了给失去妈妈的孩子轮番喂乳，而把自己的孩子托付给父母照看的普通女警蒋小娟……

这些人深深地打动着郑晋鸣，让他六进汶川，写下了60多篇感人肺腑的文章。

郑晋鸣告诉传媒茶话会，笔力可以练出来，但感情却很难造假。只有投入感情，记者才能写出有温度的新闻，讲出有灵魂的故事。

用心是"四力"的根本

在郑晋鸣看来："用心才能写好稿，用心才是'四力'的根本。"新闻工作者只有用"心"去体验，用"情"去感悟，才能采写出老百姓喜欢的好作品。

"不用心，迈不开腿；不用心，眼睛看不到；不用心，用脑子想没什么想的；不用心，你的笔力就不会有。所以，所有的'四力'都是心力的体现。"

在将郑晋鸣写王继才的稿件与他人写的对比后，有人说："去过和没去过就不一样，老郑看来是用心了。"

何为用心？在郑晋鸣看来，其根本便是要牢记作为记者的责任感和使命感。1999年5月8日，以美国为首的北约悍然轰炸我驻南联盟大使馆，郑晋鸣主动来到在事故中遇难的同事许杏虎的农村老家，白天帮忙接待客人、照顾老人，晚上熬夜写稿。汶川大地震第三天，郑晋鸣主动请缨前往汶川。震后一月，他走遍了12个重灾区。

同样地，用心也体现在和采访对象交流，并且能够与他们交心上。邱光华因公殉职后，郑晋鸣重回地震灾区，替邱光华看望父母，希望能替他尽一份孝心；亲上开山岛采访完王继才夫妇后，郑晋鸣曾跟灌云县武装部讲，要让所有路过的船只到王继才那里必须打喇叭,"要告诉王继才有人在关心着你"。

那一位位让郑晋鸣流泪的人物模范,除了带给郑晋鸣感动之外,更带给他力量,"正是这些人一直激励着我前进、永葆激情,使我始终没有停下奋斗的脚步"。

还有一年便要退休,谈及退休,郑晋鸣表示:"当了37年记者,中间也有机会当个领导,但一辈子就当记者、一辈子在基层,挺好!"正如他自己所说:"写了半辈子好人,还没有写完;立志一辈子当好记者,依然在路上。"

精选留言

耶嘿有意思:

真是很感动了。做一名优秀的记者不易,走近事实,还要走心,将深深记住"我写新闻,希望在社会哭的时候,不要哭得太伤心,笑的时候不要笑得太狂妄",新闻人就是该有这样的责任和担当,做社会的扫雪工啊。

毕文君:

再华丽的辞藻,也比不上投入感情,只有真正投入感情,深入采访的新闻作品才是有温度有灵魂的作品!对于刚入行一年的我来说,要多向郑老师以及各位优秀的新闻前辈学习,希望有一天自己也能真正做到最低要求、最高标准的"四力"。

Cuckoo:

"将不易察觉的细节有机串在一起,能够折射出人性的光辉。"郑老

第二辑 好稿是怎样"修炼"成的?

师正是用自己的脚力、眼力、脑力、笔力和心力串联那些我们普通人不易察觉的细节,他用自己的能力折射出人性的光辉,也折射出自己的品格。优秀的记者都是藏在自己优秀作品的背后,今天,我终于"看到"他了,备受感动,感动于他写的新闻、讲的故事,也感动于郑老师在传媒茶话会分享的这篇文章,郑老师,为您点赞,向您学习!

90后记者将"命题作文"写进语文课本!她怎么做到的?

本文首发于2019年9月6日
作者:刘娟

2019年8月27日,教育部召开的新闻发布会上,普通高中语文统编教材受到广泛关注。在新版语文课本中,第二单元选取了反映社会主义建设和改革开放时期的作品,其中,《中国青年报》90后记者叶雨婷采写的典型人物报道《"探界者"钟扬》入选,成为最"年轻"的一篇文章。

长期以来,典型人物报道模式化、脸谱化的"高大全"报道形式饱受诟病。《"探界者"钟扬》又是如何脱颖而出的?

挖掘人物行为的驱动力,切忌写成空中楼阁

2017年9月25日上午,著名植物学家、复旦大学党委委员、

研究生院院长钟扬教授，在内蒙古鄂尔多斯市出差途中遭遇车祸，不幸离世。

在全国媒体对钟扬的先进事迹进行集中宣传报道的同题竞争中，《中国青年报》90后记者叶雨婷是如何将一篇"宣传任务"稿，一次"命题作文"，采写成功，最终入选新版语文课本的？

"文章一定要是能够打动自己的，一定要是能够走入自己的内心的。"叶雨婷告诉传媒茶话会。接到报道任务后，她并没有将这次报道当成一个走形式的宣传任务，而是希望能够通过走近人物，真正挖掘出人物的闪光点，给人以沉思。

2018年1月，叶雨婷先后赴上海、成都、拉萨实地采访多日，克服高原反应，采访了钟扬的家人、朋友、同事、学生等60多人，收集到了几十万字的文字材料。

千头万绪，究竟该从何处下手呢？

采访结束回到北京后，叶雨婷常常在电脑前整理资料，一弄就是一整天。

面对纷杂的信息，这位90后记者有些迷茫。

《中国青年报》教育科学部主任、总编室负责人堵力告诉传媒茶话会，在一次交流中，叶雨婷说她去了钟扬家，"感觉自己的灵魂被洗涤了"。钟扬那顶晒得变色的宽檐帽和磨破的牛仔裤深深打动了叶雨婷。

优秀人民教师、杰出科学家……如何将钟扬多面的形象描绘出来？如何避免将其典型的行为写成无本之木，无源之水？

"切忌将典型人物的行为塑造为空中楼阁，要通过细节深挖人物行为背后的动机。"堵力给出了这样的建议。

叶雨婷说："我一直在思考，钟扬也是普通人，就是一个普通的高校教师，他这样做的驱动力到底是什么？"

叶雨婷告诉传媒茶话会，作为一名记者，不能预先给报道对象画上一个框，而是要从一种疑问、好奇的视角，去真正了解、理解这个人，去挖掘其行为背后的深层次原因。

通过多方采访和资料搜集，叶雨婷找到了钟扬极致行为背后的驱动力。

比如，钟扬乐于当"接盘"导师，原因在于"培养学生就像我们采集种子，每一颗种子都很宝贵，你不能因为他外表看上去不好看就不要，对吧，说不定这颗种子以后能长得很好"。

再比如，在2012年7月6日复旦大学校刊上《生命的高度》一文中，长期致力于生物多样性研究和保护的钟扬这样写道：

"在一个适宜生物生存与发展的良好环境中，不乏各种各样的成功者，它们造就了生命的辉煌。然而，生命的高度绝不只是一种形式。一个物种要拓展其疆域而必须迎接恶劣环境挑战的时候，总是需要一些先锋者牺牲个体的优势，以换取整个群体乃至物种新的生存空间和发展机遇。换言之，先锋者为成功者奠定了基础，它们在生命的高度上应该是一致的。"

这些都深深触动了叶雨婷，并启发她化作文字，重现了钟扬"探界者"的典型形象。

提炼新概念，写读者爱看的

"一般的典型人物报道可能都愿意按照时间逻辑，去讲述一个人做了哪些伟大的事情，但《中国青年报》一直追求的新闻写作方式，是不希望把典型人物捧到脱离群众，也不会用记者的话直接引导读者。报社前辈说，我们要把新闻事实呈献给读者，让他们自己去判断，要做真正能在大家心中产生触动的报道。"

在对复旦大学、上海自然博物馆、西藏大学、钟扬家属等60余位相关人物的采访中，每一方都描述出一个"不同"的钟扬。哪一个钟扬才是更加真实的钟扬呢？

"探界者，对，钟扬是个探界者！"叶雨婷两眼闪着光，激动地告诉堵力，并按照《中国青年报》青春活泼的风格，取下了"英雄少年""种子达人""科学队长""接盘导师"等小标题，从不同的方面还原钟扬真实而立体的形象。

"在新媒体时代，主流媒体要通过概念化的词语，让报道不被淹没，出现在新媒体平台上。"堵力告诉传媒茶话会，叶雨婷极其擅长提升和凝练概念，并曾在部门内部的会议上提出这样的观点。

针对不少高校已经制订并实施"严出"政策，严格控制"出口"，提高本科毕业生质量，叶雨婷提出了"'严出'时代"的概念；针对当下不少学子因逃避工作而选择考研，叶雨婷提出了"逃避式考研"的概念，并登上了微博热搜第二名。

有了吸引公众注意力的新概念还远远不够。"写作的时候考虑的一点就是能否让青年或者青少年读者喜欢，是否具有可读性。"因此，在这篇近6000字的通讯报道中，恰恰是真实生动的故事和细节刻画出了钟扬这个平凡而伟大的人物形象。

例如，文章中写钟扬性格的双面性时是这样描写的：

> 和钟扬外向热情的性格相比，张晓艳就显得内向了许多。那时候，工作调动是一件非常困难的事，加上不愿和父母分居异地，张晓艳对于与钟扬的婚事一直犹豫不定。一次，张晓艳在工作结束后回到武汉，钟扬在车站接她时突然开门见山地说，自己把证明开好了。
>
> "什么证明？"张晓艳问。
>
> "我们的结婚证明啊。"
>
> "我还没同意呢，你怎么就把这个证明开了呢？"
>
> "没有问题，大家都觉得可以了，到时间了。"
>
> "于是我就这样有点'被胁迫'地领了结婚证。"张晓艳笑说。

通过这样的小故事，读者就可以感受到，像钟扬这样的典型人物，在某些方面做出了不平凡的事，但就人性而言，他也是常人，也有血有肉。这样的报道，让人物形象更接地气，让读者更爱看。

克制情感，描述事实拒绝煽情

新媒体时代，为了迎合受众、获得更多的关注度，一些媒体通过各种煽情手段刺激受众感官获得点击量，导致了媒体公信力降低，影响受众对环境的正确感知。

"好的典型报道的作用不像针剂，更像是缓释片，慢慢释放的能量更能够击中读者。"堵力告诉传媒茶话会，《中国青年报》认为浅薄的煽情更像是低级红，往往会适得其反。

《中国青年报》一直反复强调，典型报道不能将让公众流泪作为目的，记者在采写过程中要有意克制自己的感情，保持中立，让情感随着人物的事迹的介绍自然流淌。

"典型人物报道中比较难把握的地方，在于如何平衡事实与煽情。"叶雨婷告诉传媒茶话会。在采访中，她了解到、看到了很多关于钟扬的故事和对他的评价，一些故事非常戳人泪点。

"写这样的典型人物报道过度煽情就落入了俗套，要用事实去探索钟扬生命的边界。"叶雨婷认为，如果只是讲述钟扬在学术上有多少造诣，多么敬岗爱业，但是却突然去世，虽然会赚足公众的眼泪，但与其身上所具备的教育和启示意义相比，就显得比较单薄。

"要尽力展现钟扬在有限的生命里，如何延展生命的宽度和厚度。"叶雨婷说，这样写，在人生发展或选择方向上，更有可能为青少年提供借鉴，而不只是让人看了一篇能赚人眼泪的文章。

"在写作的时候，我刻意与采访对象保持一定距离，不用任何主观的判断，只是陈列新闻事实，让受众自行进行判断。"叶雨婷说。例如，在描写钟扬醉心于收集种子时，叶雨婷描述了这样一个故事：

"那次，我和扎西次仁（钟扬在西藏的首位植物学博士——记者注）跟着钟老师去采集高山雪莲。我们从海拔5200米的珠峰大本营出发向更高的山地挺进时，钟老师出现了严重的高原反应，头痛欲裂、呼吸急促、全身无力，随时都会有生命危险。"拉琼回忆道。

大家都建议钟扬待在帐篷里，而他却说："我最清楚植物的情况，我不去的话，你们更难找。你们能爬，我也能爬。"最终，钟扬带着学生在海拔6000多米的珠峰北坡采集到了，被认为是世界上生长在海拔最高处的种子植物——鼠麴雪兔子，也攀登到了中国植物学家采样的最高点。

陈力丹教授曾指出："不要煽情，要客观、平衡地报道事实。"叶雨婷也认为一篇优秀的典型人物报道，可不通过辞藻的堆砌和戳人泪点的故事来煽情，而可通过报道人物所具备的"不平凡"的精神境界，来揭示人生哲理，从而与受众产生情感共鸣，达到增强传播效果的目的。

精选留言

老赵：

有了一个很好的典型人物作为采访对象是非常幸运的，当然，幸运背后是巨大的压力，其中涉及深入、细致，以及巨大信息量中的取舍，所有这一切的完成，需要专业素养，更需要对这份采访工作的执着和热爱。如果这份热爱出现在年轻人身上，是"可怕"的，因为这甚至意味着年轻人所属这个单位的深度、广度和坚不可摧。所谓新的信息碎片时代，依然需要这些深度、广度，或许说，其实比以往更需要。

张刚齐鲁：

好新闻总是带着时代的特征！如果没有时代感，新闻就没有生命力。穆青写焦裕禄，郭梅尼写张海迪，都在回答时代之问。但愿这篇稿子也能承担起这样的时代使命，以这位90后记者为代表的新闻工作者，能担当起这个时代使命。

楚麻：

我也曾经用10天时间采写过一个因公殉职的典型人物。采访7天，听录音整理3天，成稿是3个小时，读给两个同事听，自己哭得不成样子，然后根据同事的建议有两次小改。我最大的感受——树立典型人物，如果你连自己都没法感动，怎么感动读者？所幸这一点我做到了。最大的困惑——事迹和故事的选择，量太大了，都是自己的"娃娃"，把哪一个丢下都觉得舍不得，所以在成稿后就不太愿意删稿和精简。读完《"探界者"钟扬》，仿佛有了顿悟。

传媒实操小红书·
不可不知的采编小技巧

稿子写好后咋修改？四招改稿方法媒体人快收藏！

本文首发于 2020 年 4 月 23 日
作者：李磊

稿子写完了，是否有必要修改？修改时，不知如何下手，怎么办？

人民日报地方部副主任费伟伟，高级记者、范长江新闻奖获得者张显峰，光明日报江苏记者站站长、高级记者郑晋鸣，人民日报高级编辑许林，中央广播电视总台资深记者杜昌华分享了他们的看法。

改稿：洗掉"萝卜"上的"泥"

法国作家莫泊桑带着一篇新写的短篇小说去请教福楼拜，

他发现福楼拜桌上有厚厚的一叠文稿，而且每页都只写一行，其余九行都是空白的。莫泊桑问："您这样不是太浪费纸了吗？"福楼拜笑了笑说："亲爱的，我一直有这样的习惯，一张纸上只写第一行，其余九行是留着修改用的。"莫泊桑听了，立即告辞，赶紧回家修改自己的小说去了。

小说写完要修改，新闻报道也一样。改稿的目的是洗掉"萝卜"上的"泥"，让文章更干净。人民日报地方部副主任费伟伟认为："任何作品只有反复修改才能臻于完善，新闻报道更是如此。因为新闻不是从容不迫的文体，新闻的写作往往也没有那么从容。常言道，萝卜快了不洗泥。写完报道改一改，去掉点萝卜上的泥。"

在费伟伟看来，稿子上的"泥"通常表现为整体结构和遣词造句两方面：

一方面，记者落笔前是有框架的，但一旦写起来就难免信马由缰，写着写着就偏离了起初的构思，交稿时间又在那里卡着，最好的选择就是通过修改进一步厘清思路，让文章逻辑清晰，脉络分明，理通气顺。

另一方面，仓促行文导致繁杂、便捷和快速的文字堆积，或枝蔓太多，或语言啰唆，或用词不当，通过改稿可以删繁剪秽、琢句炼字，让稿件更加准确、鲜明、生动。

稿子写完是否要修改？资深记者、编辑们都给出了肯定的答案。

人民日报高级编辑许林谈道："我写完新闻稿或者其他文章，至少要审核修改三次，确认没有问题后才发稿。主要看新闻事实是否清晰呈现，文章逻辑是否合理，表达是否通俗简洁，标题是否吸睛。"

中央广播电视总台资深记者杜昌华也认为，改稿不仅仅是抠字眼，发现错别字、标点符号错误，而是要从文章整体格调、主题上去改。在改的过程中去感受，让文章有流畅、充沛的感觉，不要让读者有阅读障碍。

四招改稿：删、加、读、放

改稿不仅要做减法，也要做加法，不但要心到、笔到、口到，更要时间到。

1. 删一删

自古文章尚短、尚精、尚简，新闻报道更应如此，因为受众接受新闻往往在匆忙间，利用的是碎片时间。短、精、简的报道提供的信息与观点比较清晰，更容易被接受、理解。

所以，改稿子就是把文章从厚改到薄，从繁改到简，这离不开一个"删"字。

如何删？费伟伟告诉传媒茶话会，删主要指成稿后要篇中删句，句中删字。删掉琐事和没有太多价值的信息，它只会让故事的节奏变慢，影响文章生动性；形容词貌似丰富华丽，其实表达力很弱，虚词使用不当会令阅读索然无味，两者皆可删。

光明日报江苏记者站站长、高级记者郑晋鸣认为，"好的编辑是把长句子变短，把废话删掉，表达也不需要高级的词语和华美的文采，完全能表达真实意思就行了，不写废话，说读者能听懂的话，这就是最好的表达"。

鲁迅有一次给北大学生讲课时，在黑板上写了一个大大的"删"字，并且对学生说："你们问我写文章有什么秘诀，我也说不出，要说经验，略有一点，这个'删'字就是，从我的经验中归纳出来的。"

2.加一加

改稿，除了要做减法，也要做加法。

在郑晋鸣看来，一个好的故事，必须有细节信息呈现。编辑、记者不仅要善于删繁就简，也要添枝加叶。做加法就是把短改长，往故事里加细节信息，有细节才能打动人。

如何增加细节？郑晋鸣举了一个例子。2020年3月21日，《财新周刊》发出《生死金银潭：一支医疗队的50天》的文章。文中提到，一位老大爷不幸去世，护士将遗体推出病房时，50米的路走了近8分钟。这么短的路，为啥走了这么久？因为路上遇到8名值班的护士，都肃立鞠躬对老大爷说，"您一路走好"。他们为啥要这么干？文章交代得也很清楚：8名值班护士在这个送别仪式中，代表了他的亲友，对他的人生进行最后的告别必须庄重。

费伟伟也谈道，在给年轻记者改稿中，发现他们的稿子也存在文章不结实、描写不具体的问题，解决这个问题就需要做加法。拿语句长短来说，短词短句有力，但也不是每句都要短。

正如汪曾祺所说，"语言的奥秘，说穿了不过是长句子与短句子的搭配……可长则长，能短则短，运用之妙，存乎一心"。

3. 读一读

读改法，就是稿子写完以后，读一遍甚至好几遍，在读的过程中，发现语义不畅、语句不顺，衔接有阻隔和跳跃的地方，然后随手改正。

费伟伟认为，读是让稿件文通句顺的最好办法，读还能感受文章的节奏与音乐感。他还举了一个例子。

普利策奖得主、美国记者迈克尔·加特纳认为，"改稿最好的方法就是朗读你的作品——大声地读。读的时候你会听到刺耳的词，冗赘的短语，还有那些看上去很好但听起来蹩脚的词和沉闷的短语"。

著名文学家叶圣陶谈稿件修改时说道，修改稿子不要光是"看"，要"念"，就是把全篇稿子放到口头说说看。也可以不出声念，只在心中默默地说。一路念下去，疏忽的地方自然会发现。下一句跟上一句不接气，后一段跟前一段联系得不紧密，词跟词的配合照应不对头啊，诸如此类的毛病都可以发现。

"因为文字是书面化的表达，更正式、规范，但也难免太呆板。"在郑晋鸣看来，写完稿子读一遍，甚至几遍，在读的过程中，就能发现问题，并矫正太书面化的表达，让文章口语化，而口语化的表达更能打动人、吸引人。

许林也认为，写稿最忌讳文件式表述，无论是标题，还是内容，一定要远离文件式的文字，把文件精神通过通俗易懂的语言文字表达出来。语言清新，易读易懂，朴实简洁，既不追风讨好，又不陈词滥调是好记者的基本功。

稿子写完，读出来，时间允许的话，可以多读几遍，每读完一遍都会发现新的问题。而且，在读的过程中修改，可以让文风更朴实、简洁，充满口语化。而口语就像作者以一个朋友的身份和读者说话，给读者的感觉是个别聊天，最富有交流感。

4. 放一放

很多人写完稿之后都会觉得很有成就感，在喜悦之中无法发现文章的问题。这个时候，不妨把稿子放一放，"让子弹再飞一会儿"，尤其是不紧急的稿件。过些时候再修改，平复一下心情，从充满成就感的情绪中冷静下来，会从稿子中发现新问题。

中国古代很多文人墨客都推崇稿子写完后，先放一放这一修改方法。

宋代文学家唐子西，人称"小东坡"。他认为，文章在写完后暂时搁置，在之后的几天里反复修改，不断完善。清代文学名家唐彪也讲过，文章如果写完后能修改就修改，发现不了问题的话，先搁置起来，之后就会发现问题，改起来很容易。

高级记者、范长江新闻奖获得者张显峰认为："人在写稿的时候，会陷入一种表达的冲动，往往是作者的视角。重要且不是特别紧急的稿件，我写完会放一放。只有放一放、冷一冷，抽身出来，才可能从读者的视角去看问题，这样你就容易发现：事实是不是交代清楚了，逻辑完整不完整，立场客观不客观，会滤去一些不必要的枝蔓和情绪。"

当然，新媒体传播环境下的写作更注重传播的时效性，

"放一放"的时间,几个月甚至几天都不现实,但可以缩短放的时间。具体放多久?可以根据实际情况而定。

精选留言

古桥老翁:

　　稿子有急缓两种,应区别对待。笔者就缓的一种稿子谈点看法吧:当你完成一篇稿子后,不要急于马上投向编辑刊出,而不妨搁置一段时间,然后抽空再去细细阅读。这时你总会发现初稿所存在的一些纰漏和不足。修润,是一篇稿子达到完美的最佳手段和途径。文章不厌百回改,好文章是改出来的。可不是吗?每当自己写完一篇文章,粗略一看,觉得可以了。但过些时日再去浏览的话,就会发现有许多地方还是可以修改的。比如,词和句,段落的过渡和调整,等等。当你认为已改得够完美了,可过段时间再去阅读时,你又会发现还是有些地方不尽如人意。如此一而再再而三地修改下来,文章才会显得结构严谨,用词造句恰到好处,读来给人以美的享受。所以说,好文章是改出来的。不然,你就是名记,但写出来的文章中,如果有不少错别字和误处,那读者在阅读时,心里总觉得别扭,不是滋味,文章质量也就会大打折扣。这是我对撰写缓稿的一点感受和体会。对急稿那又另当别论了。

吴彤:

　　还有一个办法,就是请别人(同事)看看。一是有的稿子有时效性,容不得拖个半天一天的。二是自己全身心投入稿子中,对那些看过几十遍的句子段落已然麻木了,有些基本的语法修辞问题竟也看不出。这时让同事帮着看看把把关,特别有必要。所以,平时一定要在同事中发展二三个有点小水平的诤友,相互帮助。关键时刻防止出大错丢大人!

中国新闻奖消息类一等奖点评 | 努力让新闻变得重要起来

本文首发于 2021 年 11 月 9 日
作者：刘家伟

2021年11月7日，第三十一届中国新闻奖评选结果公布。346件获奖作品中，一等奖共有67件，其中文字消息就占了3件。上一次出现这种情况是在2005年第十六届中国新闻奖。

文字消息看似简单，但真正写好还是要讲门道。具体怎么写？一等奖作品有哪些值得学习借鉴的地方？

传媒茶话会特邀工人日报社总编辑刘家伟为大家赏析《四川日报》的一等奖作品——《我国最后一个不通公路的建制村车路双通　滴滴！阿布洛哈村来车了》。

新闻得说事。一个"高山中的深谷""人迹罕至的地方"，一个世世代代不通公路的建制村通路通车了，这当然是件事，而且是大事。那么，这是否意味着有关这件事的报道就一定成为真正意义上的新闻，就一定具有广泛影响力呢？

事情当然不会这么简单。而《四川日报》报送的这则消息，最终能够脱颖而出，获得第三十一届中国新闻奖报纸消息一等奖，至少给了我们以下两点启示。

新闻价值判断，首先要体现站位和视野

常识判断，类似阿布洛哈村通路通车这件事，不可能是某位记者发现的独家新闻，而只能是同台竞技的题材。在移动互联网时代，人人都有麦克风，地域与地域之间的距离感已经消失，即便是一个突发事件，往往也云集了众多的记者来争相报道它——你知道的，别人也知道了；甚至你不知道的，有人早就知道了。

那么是不是说，记者就发掘不了独家新闻了呢？

事实并非如此。我们今天需要重视的是，传统的独家新闻的意义正在弱化，独家新闻的概念也发生了相当深刻的变化。今天的独家新闻，不仅仅是意味着抢到了"第一落点"和"第一时间"，它同时还可以是独家解读、独家观点、独家角度、独家方法等。

具体地讲，比如，对同一新闻事件，挖掘比别人更深入的新闻事实，通过对已知事实的重新排列，亮出新的观点、思想，注意交代受众已知事实背后为受众所不知的事件成因、道理和走势，运用类比、借喻、资料分析等手法交代事件等，这

些都是行之有效的路径和方法。

一个乡村的通路通车，如果仅仅局限于当时当地，对于更大范围的传播来讲，其新闻价值很难算得上"重大"。所以，记者并没有简单地把它当成行业新闻或者社会新闻来处理，而是把这一事件置于脱贫攻坚的大背景下，今昔对比，时空交替，这种历史视角不仅让受众对"千百年来困扰中华民族的绝对贫困问题历史性地画上了句号"有了直观感受，同时还让报道多了一种纵深感和厚重感。"脱贫攻坚""交通先行""乡村振兴""国家经济大循环"，文中的这些元素又凸显了鲜明的时代特点。

一句话，一条新闻让人感觉历史纵深与时代元素兼具，确实是非常难得的。而这些，无疑体现了新闻价值判断上的站位和格局视野，体现了采编过程对于"今天的独家新闻"的理解和追求。

一般来说，新闻价值判断的价值要素，包括重要性、显著性，还有时新性、娱乐性、趣味性、接近性等。有了更高站位和更宏大视野，实际上更容易找到与受众的交汇点，找到角度和切口，更容易在"用事实说话"的同时传递新闻的重要性和显著性，甚至以这种价值判断影响受众。

让新闻变得重要起来，需要不断创新叙事模式

讲好中国故事，是主流媒体的职责使命。新闻报道所说的故事，跟文学作品、影视剧的故事并非一回事，它是指故事化

表达,是新闻生产的一种理念。简单地讲,就是生产的内容,首先得有事、得说个事,得引起受众的兴趣、吸引用户关注。讲故事,意味着必须依据具体、客观的事实,来解说抽象的道理,并把这些事实置于特定的时代条件、特定的背景中,来体现人们的思想和认识。

《四川日报》的这则消息,语言简练、结构合理、层次分明、信息丰富。其中两点尤其值得点赞。

一是坚持叙事为主。成就报道可展现的内容范围广,想表现的内容信息多,能使用的内容信息杂。一不小心容易写成材料堆砌的大表扬稿,甚至本末倒置,方方面面都要关照、不能遗漏,事件本身反倒三言两语,仅是个例子、像个注脚。

因此,在有限的篇幅里需要控制范围、聚焦事件,正如这则消息,即是用精准的内容、精练的语言、具体的叙述完成"新近发生的事实的报道";通篇用尽可能客观、具体的事实,呈现一个村庄的变迁,努力讲好发生在中国大地的乡村故事。

二是创新表达。目前,互联网正在媒体领域催生一场前所未有的变革。在此背景下,碎片化传播成为遍及所有媒体平台最重要的趋势,碎片化阅读成为用户接触和使用网络最重要的特征。如何尊重互联网传播规律,确立互联网思维,让阅读成为"悦"读,是转型时期、深融年代摆在主流媒体面前的一个重大课题。

本文不足千字,却分成12个自然段,文字干净,基本都是有效信息和事实。版面安排上也颇具特点,作为组合报道中的主打篇目，与其他几篇图文报道互为补充，在实现视觉冲击的同时也使内容更为立体、丰富。尤其是，即便从融合呈现的角度考量，这则消息也满足用户阅读移动化、碎片化的需求，适合在互联网平台、渠道的传播、推送。

在加快推进媒体深度融合发展的今天，作为媒体人，当"努力让新闻变得重要起来"。做到这一点，不仅要善于发现，还要善于表达。这种表达和呈现包括标题、语态、文本、版式、规模、时机、节奏等，而其中最重大的挑战莫过于叙事方式的创新和突破。

正如目前风行的短视频，它不只是时间上短，实际上打破了传统媒体的完整叙事逻辑，在短时间内呈现高潮或戏剧性的部分，契合了现代社会用户阅读的需求变化。从这个意义上说，一切朝着这个方向的探索和努力，都应该为之鼓掌。

附作品原文：

我国最后一个不通公路的建制村车路双通
滴滴！阿布洛哈村来车了

本报讯（记者 梁现瑞 王眉灵 王代强）"车来了！"6月30日上午10时许，冒着雨，驾驶员杨保安开着乡村客运小巴，沿着崭新的通村公路，驶入布拖县乌依乡阿布洛哈村，喇叭声引来招呼站内的村民阵阵欢呼。

人群中，66岁的省教育厅退休干部林强格外激动。过去

17年，他曾先后20多次来过阿布洛哈，都是爬悬崖、过溜索，只有这次是乘车进入的，"梦想成真了！"

通路通车，对于群山深处的阿布洛哈来说，是历史性的时刻。这意味着中国大地上，公路将贯穿所有具备条件建制村，让它们更快融入国家经济大循环。

阿布洛哈在彝语中的意思是"高山中的深谷""人迹罕至的地方"，村子坐落在金沙江畔西溪河峡谷中，三面环山，一面临崖，一直没有通公路。

脱贫攻坚，交通先行。2019年6月，阿布洛哈村通村公路被列入全省"具备条件的建制村通硬化路"范畴，正式开工建设。

项目起于拉果乡布岙村，止于乌依乡阿布洛哈村小学，全长3.8公里，其中包括3座隧道、1座战备钢桥，桥隧比近30%。

项目承建方四川路桥项目经理赵静介绍，公路全线位于高山峡谷地带，绝大部分路段都位于接近垂直的峭壁上，地质结构复杂，岩层破碎，施工难度极大，平均每天仅推进10余米，相当于在峭壁上"啃"出一条路来。

为此，省交通运输厅抽调技术骨干现场指导；四川路桥投入10余名博士、教授级高工，力量堪比修建高速公路特长隧道或特大桥；还首次从省外调运世界最大直升机米-26吊运机械设备。

2019年底，按"硬化路+缆车摆渡"永临结合方案，阿布洛哈对外通道打通，基本满足村民日常客货运输需求。如今，最后1公里左右永久性路段也全面建成。

当天开通的阿布洛哈村至拖觉镇客运班线全长35公里，是凉山州首条按"金通工程"标准实施并开行的乡村客运班线。"40分钟就能到拖觉。"杨保安说，他每天往返一趟，遇到赶场日就往返两趟。

"这也标志着四川100%实现具备条件的乡镇和建制村通客车，比计划提前3个月。"省交通运输厅公路局局长许磊介绍，党的十八大以来，全省累计投入资金1734亿元，新改建农村公路17万公里，并于2019年底提前一年实现了具备条件的乡镇和建制村通硬化路。

客车开进村，让阿布洛哈村支书吉列子日开始谋划未来，其中一项就是发展乡村旅游。村民且沙色聪更实在：考个驾照，买个车跑运输，让日子一天天好起来。

附作品背景：

2020年6月30日，凉山彝族自治州布拖县乌依乡阿布洛哈村通路通车。这是全国最后一个不通公路的建制村，其通路通车，是全国打赢脱贫攻坚战的一个标志。

《四川日报》对阿布洛哈村的关注和报道已持续了十余年。在此次通车前，记者又专程徒步入村蹲点数周，详细了解村里情况及道路修筑期盼与难点，为后期通车报道积累了丰富素材和采访资源。

精选留言

万步得一：

看了《滴滴！阿布洛哈村来车了》的文章好感动。自古以来，有"蜀道之难，难于上青天"之说，更不要说深居那里的老百姓了，出入是何等艰难。历代历朝都无法解决的问题，只有在中国共产党领导下让那里的乡亲们过上了幸福的日子！

中国新闻奖文字评论一等奖点评 | 评论的价值在于问题意识

本文首发于2021年12月3日
作者：张显峰

评论是新闻皇冠上的明珠，也是衡量一个媒体引导力的标尺。

《山西日报》刊发的《发现不了问题就是最大问题》一文，获得第三十一届中国新闻奖文字评论一等奖。

这篇评论好在哪里？好的新闻评论长啥样？

传媒茶话会特邀现任中央广播电视总台央广新媒体总编辑、第十二届长江韬奋奖（长江系列）获得者张显峰点评此文，并带来他关于如何写好新闻评论的看法。

《发现不了问题就是最大问题》是一篇获中国新闻奖的评

论，认真读罢该评论，我认为，此文胜就胜在标题上。不是说评论本身不好，而是这个标题太好。题是文章的眼睛，也是观点的灵魂。套用一下这个标题：对于评论而言，提出不了问题就是最大问题。

评论的价值在于问题意识。它是对事实的逻辑化开掘、审视、思考，也是对事实的抽象化提炼、反思、追问。一篇评论有没有价值，关键看它有没有在事实之上提出有价值的问题，给人以超越事实层面的思想启迪。

由《发现不了问题就是最大问题》说开，谈一点关于评论的浅见。

"问号"是评论者当有的表情符号

如果用一种标点符号来形容评论的感情色彩，大多数人可能会选"叹号"。评论嘛，既然有"评"有"论"，大抵立场和倾向是明确的，要么肯定，要么批评，叹号自然贴切。

但叹号包含的语气太直，这样的评论一针见血，甚至让人读得心惊肉跳，如果缺乏判断、看得不透，就容易把受众带入一种情绪的误区。写评论和谈心是一个道理，有的事情、有的人适合直来直往，但换个人、换件事情，这种"直"未必就有效果。

在信息和观点泛滥时代，"问号"是评论者当有的表情符号，也是专业媒体应当坚守的一种建设性语言。只有媒体人心中有了问号，才可能把受众心中的问号拉直。

"问号"不是咄咄逼人的质问，而是基于理性认知的循循善诱。从感受和疑问说起，引发更多共鸣和思考，更容易被接受和认同。共鸣是情绪建设的基础。受众有共鸣是一篇评论最大的成功。

新闻评论不能做舆论的"应声虫"

写评论最忌人云亦云。舆论都在喊打的时候，追上去扔两块砖头，这是最没有出息的。

然而，移动互联网时代对评论的时效要求高了，"扔砖头"的评论也就多了，一个事件发生，谁都知道该骂，于是就看到很多比"呸、呸、呸"高明不了多少的评论。与这个对应的是一些传统媒体的评论，一个政策出台，谁都知道很好，于是就看到很多和"好、好、好"差不多无味的评论。这样的评论，只不过是舆论的"应声虫"，拍砖的无关胆识，叫好的亦无关智慧。

共鸣当然是重要的。共鸣不止一种，你所批评的正是读者想批评的，是一种共鸣；你所讽刺的现象能让一些人"对号入座"，也是一种共鸣；你所表达的某个观点会让读者"于我心有戚戚焉"，更是一种共鸣。

但共鸣不是"应声"。评论不能只停留在浅层次的感性共鸣上。理性是评论的灵魂。理性建立在共鸣的基础之上，但又超越共鸣。一味地追求共鸣而疏于升华，会使评论陷入思想的平庸，价值也大大降低。无论是肯定、批判还是建议，目的在于引导一种价值，使人们的认识趋向常识、正义和科学的理性。

评论要讲表达效率，也要讲文本价值

《发现不了问题就是最大问题》虽然是获奖的评论，但也难免命题和写作的局限。如果非要谈一点遗憾的话，我认为它写得"太像"评论了，作文的痕迹重了一些，文章的洒脱少了一些。相比标题，评论本身的文本价值弱了一点。

我曾经写过9年评论专栏。后来换岗，栏目就停了。有一天当我整理发表过的评论的时候，每重读一篇旧文，都有恨不能重来的遗憾。很多评论时效性很强，但因为作文的仓促已经没有多少回味的价值。

相信应该不只我有这样的感受。这是一个观点泛滥的时代，快餐式阅读使评论已经变成了立等可取的"煎饼"。所以报纸、网络上很多都是就当天的新闻事实进行评论，直接亮明观点，并不讲究写法，这样做自然有时效性优势，也提高了表达效率，但附加值却降低了，很难让人有第二次阅读的兴趣。"文以载道"，"文"之不存，"道"将焉附？

我读文章有一个习惯：只要语言很糟糕，马上就扔到一边。同样一件事，你怎么解构这个事实，怎么分析其中的常识，都应该有所讲究。我是比较主张新闻评论有一点杂文味道的。有人说，现在表达环境不一样了，不需要杂文那样曲里拐弯的表达方式了，有话直说。我不完全赞同。观点和立场要直接，不要掩饰，但表达还得讲究艺术，讲究美感，学会用情，既要给人悬念，也要留有余地。直说，说深了容易过头，说浅了隔靴搔痒。

有时候，幽默诙谐的讲述中透射的犀利要比义愤填膺的观点有力得多，感同身受的换位思考和情感交流要比直白的表达有利得多。评论崇尚理性，并不意味要板起面孔讲话。理性地思考问题，但要艺术地表达观点。评论的力量不在于作者的态度有多强硬，用词有多犀利，而在于语言的渗透力和逻辑的张力。

鲁迅的杂文之所以流传至今仍被评论者视为宝典，不仅仅因其思想的锐利、一针见血，其看问题的深邃以及传导问题的文本魅力恐怕也是其传世久远的重要原因。

附作品原文：

发现不了问题就是最大问题

安全生产既是底线，又是红线，更是生命线。近期，为有效预防和遏制各类生产安全事故发生，我省全领域、全覆盖、全方位开展安全隐患排查整治工作。仅"两节"期间，就检查企业近10万家，排查出隐患5万余条，停产整顿企业200家，暂扣吊销证照74家，关闭取缔68家。数字的背后是令人担忧的隐患，但能排查出这些隐患，又让人感到一丝心安。换言之，安全检查不怕发现问题，最大的问题是发现不了问题，最大的隐患是发现不了隐患。

目前，关于安全生产的各类自查、排查、督查已经常态化、制度化，为的就是提前发现问题，消除问题，切实维护人民群众生命财产（注：此处样报为"安全。令人遗憾的是，从许多发生的安全生产事故来看，例行的检查"）并没有缺位，而事故却还是不幸发生了，那么在每次的检查中，缺位的是什么？是责任心，是发现隐患的能力与本领，或者二者兼而有之。

"防微杜渐，忧在未萌"。事故的发生看似偶然，其实是各种因素积累到一定程度的必然结果。任何重大事故都是有端倪可查的，都是经过萌芽、发展到发生这样一个过程。如果每次事故的隐患或苗头都能被发现并受到重视，那么每一次事故都可能避免。

追本溯源，在一些安全生产检查中，为何发现不了真正的隐患或苗头？一方面要问有没有压紧压实责任。责任心是安全之魂，安全检查如果只是为了检查而检查，蜻蜓点水、走马观花、摆摆样子、走走过场，不带责任心上路，那就是丢了安全之魂。"生命重于泰山。各级党委和政府务必把安全生产摆到重要位置，树牢安全发展理念，绝不能只重发展不顾安全，更不能将其视作无关痛痒的事，搞形式主义、官僚主义。"习近平总书记的重要指示，为我们抓牢抓实安全生产工作划定了底线红线。安全检查绝不能搞形式主义，要时刻葆有责任之心、谨慎之心，要坚守"人民至上、生命至上"的宗旨信念，发扬"啄木鸟"精神，盯死角、清盲区、扫隐患，正视并解决存在的问题。

另一方面要问有没有遵循专业精神。消防、建筑、食品安全、交通运输、危化品储存等等,到底存没存在隐患、关键问题出在哪里、有可能造成怎样的后果,这些都有赖于专业人士的火眼金睛和专业研判。为此,我省提出,要改进安全生产检查方式,把领导重视和专业化检查有机结合起来。近日,运城市就邀请专业安全机构,帮助60家重点高危企业健全隐患排查治理和风险分级管控"双重预防机制",推进安全生产治理现代化。安全生产检查中及时发现问题,并精准施策,离不开社会专业力量的支持,这也是推进社会治理体系和治理能力现代化的题中之义。

安全生产永远在路上,"安全第一"永远是一条铁律。从这个层面上说,发现不了问题或者认为自己没有问题,是最大的问题;看不到差距或者认为自己没有差距,是最大的差距。要时刻紧绷安全生产这根弦,善于在细微处发现漏洞,将问题解决在萌芽之初、成灾之前。只有筑牢安全生产防线,才能夯实高质量发展根基。

(陈丽芳,《山西日报》2020年10月12日)

附作品背景:

2020年国庆节期间,太原市台骀山景区发生重大火灾事故。事故教训十分深刻,全省开展大规模安全隐患排查整治工作。《山西日报》围绕省委、省政府重要部署,推出关于安全生产的评论文章——《发现不了问题就是最大问题》。

文章开头,从全省排查安全隐患的几组数字切入提出观点,即安全检查不怕发现问题,最大的问题是发现不了问题。文章主体论证部分,逐层发出疑问、剖析原因、提出建议。

精选留言

万步得一:

　　评论不好评,更不好写。说来容易,不就是标题好吗。可人家标题就是根据存在的问题写出来的。人家发现了问题才写出了问题的"问题",才有了这样的"好标题"。好多好评论文章,事件也大,写得也出彩,就差那么一点点"标题"的火候而不能获奖,甚至连参评的资格都没有。

第二辑 好稿是怎样"修炼"成的？

中国新闻奖文字通讯与深度报道类一等奖点评 | 千古文章意为高

本文首发于2022年1月6日
作者：薛亮

文字通讯与深度报道是主流媒体竞争的"原子弹"，优质的文字通讯与深度报道能极大满足读者精致阅读的需求。

在融媒体时代，写好文字通讯与深度报道需要注意哪些问题？获奖作品有哪些值得借鉴？

传媒茶话会特邀中国自然资源报社新闻工作一组副组长薛亮为大家解析中国新闻奖文字通讯与深度报道类一等奖作品——《经济日报》的《"半条被子的故事"有新篇》。

一篇好的通讯报道需要立意深刻、行文有序、情感真挚细腻才能真正打动读者。《"半条被子的故事"有新篇》这篇通讯报道能获得中国新闻奖一等奖是当之无愧的。

立意有深度

"千古文章意为高",立意是一篇通讯的谋篇布局的根本,写通讯就好比在山上看风景——主题是看风景,而立意就是在山上所处的位置。《"半条被子的故事"有新篇》在高屋建瓴、深刻新颖、简明集中的立意基础上,通过小题材、小事件、小细节揭示重大主题、反映深远内容,由此充分体现作者想要表达的主旨思想,给读者鲜明突出的印象。

作品紧扣"中国共产党始终不忘初心,为中国人民谋幸福,为中华民族谋复兴"的核心要义,点题"大力弘扬革命精神,以缅怀英烈,褒奖新时代英雄的方式,形成'精神谱系',为前行注入强大的精神力量",立意深远悠长。

文章从"半条被子的故事"入手,跨越历史长河,用一个个精彩的故事,结合脱贫攻坚、乡村振兴等,体现了人民群众对党的深厚感情,讲述了党带领当地百姓致富奔小康的鲜活故事,反映出我党团结带领中国人民一路披荆斩棘、翻山越岭、勇敢攀登,谱写中华民族壮丽辉煌百年传奇的深远内容,凸显了围绕党和政府重大决策、战略部署组织开展重大主题报道,是主流媒体重要责任和优势的这一核心要务。

行文有层次

"大略如行云流水",一篇好的通讯,必须有一个好的行文框架。《"半条被子的故事"有新篇》用自然的语言、流畅的叙述、递进的段落,搭建起缜密的逻辑架构,同时辅以主线贯穿意识与首尾呼应思维,方便读者在阅读时,能够清楚地知道文章说了什么、作者想要表达什么、读者能够得到什么启示。

文章的故事主线贯穿始终、时间脉络清晰明了,结尾的一句:"'半条被子的故事'犹如一束光,穿越历史的时空长廊,照进更多人的心里。"不仅仅是对"半条被子的故事"历史事件本身时间跨度的描述,更是对文章开头所述该媒体1984年11月首次报道该事件的呼应,体现了作者严谨的主线意识和呼应思维,让读者在历史的脉络与时间的流淌中,感受到了文章的内容核心与实质。

情感有起伏

"文似看山不喜平",一篇好的通讯写作本身就像创作电影剧本,离不开一环套一环的戏剧冲突,更离不开跌宕起伏的故事描述。《"半条被子的故事"有新篇》用生动的语言凸显了故事里的情、景、物、人、事,反映出作者对把控文字和表达理性达到了很高的标准。

文章中,作者采访到了"半条被子的故事"主人公徐解秀的后人朱小红,并以他的故事为例,讲述了他家从村里建档立卡贫困户,人均耕地不足0.7亩,到靠党的好政策,依托扶贫农庄、光伏发电项目及红色旅游吃上了"旅游饭",全家脱贫致富的鲜活故事。

作者通过对老百姓的新旧生活鲜明对比，把新旧历史时期党与百姓的血肉联系刻画得淋漓尽致，反映了当地党员干部在实际工作中身体力行、贯彻落实群众观，真正把人民群众当亲人、当主人，足以让读者感同身受。

对于其他记者来说，新媒体时代下，如何才能写好通讯报道？

首先，选题角度求独家。《华尔街日报》总编辑说过："读者已经习惯从电视、网络等渠道获取即时信息，报纸继续报道昨天发生了的那些新闻事件已经没有意义。"一位资深报人也曾有言，在今天，"独家新闻"的概念已发生了深刻变化，"独家新闻"已不仅仅意味着抢到了"第一落点"和"第一时间"，而是意味着独家观念、独家视角、独家思想。

事实上，在通讯类稿件的写作上，难免会出现写作选题"撞车"的问题，特别是对重特大事件和影响覆盖面广、备受社会关注的热点事件更是如此，各类媒体的报道几乎是铺天盖地。

因此，对于这样的选题，要尽量选择一个与众不同的视角，一个令人眼前一亮的切入点，要挖掘出比别人更深入、更深刻的新闻内幕，以求在选题角度上与众不同，以表现所属媒体的独特个性和品牌形象。

其次，采访过程有技巧。清代文学家张潮说过，文章是案头之山水，山水是地上之文章。也就是说，一篇文章，何处是高耸入云的山峰，何处是蜿蜒连绵的山脉，何处是涓涓汩汩的溪流，都得益于文章作者的布局巧妙。而对于记者来说，一篇通讯报道能够行文规章有序、视角新颖独特，就在于选择最佳的采访路径所释放出来的神奇魅力，这也是新闻能够找到最佳表现视角的关键之一。

"一树梅花万首诗"，记者采访的新闻事件，其发生、存在以及后续的种种，往往具有多面性。因此，在采访过程中，首先就要从多侧面、多角度审视新闻事件的现象以及本质，选择最优的观察点、切入点以及集合点，只有这样，才能找到最佳的新闻表达角度，把新闻事件的最大价值与潜力，通过记者的手笔表现出来。

附作品原文：

"半条被子的故事"有新篇

沙洲村村口前那条滁水河流淌了几百年，从来没有像今天这样欢腾过。据报道，9月16日，在湖南省考察调研的习近平总书记，来到郴州市汝城县文明瑶族乡沙洲瑶族村，参观"半条被子的温暖"专题陈列馆，重温了"半条被子的故事"。"总书记来到咱们村"的喜悦洋溢在村民们的笑脸上，"跟党走幸福长"的自信写在村民们的心坎里。

对党的感情越来越深

"半条被子的故事"来自经济日报1984年11月14日的一版稿件《当年赠被情谊深　如今亲人在何方——徐解秀老婆婆

请本报记者寻找三位红军女战士下落》。1984年10月份，带着一大批红军老战士的嘱托，时为经济日报记者、后任经济日报常务副总编辑罗开富开始了徒步重走长征路采访报道的征程，在沙洲村遇到了徐解秀老人，写下了这个感人的故事。

得知总书记考察沙洲村的消息，罗开富兴奋地说："这对全国人民都是一个巨大鼓舞。一是展示了党始终不忘初心，为中国人民谋幸福，为中华民族谋复兴。二是提升了中华民族保持前进的战略定力、应对各种风险挑战的信心和士气。三是展示了党始终与人民群众风雨同舟、命运与共的血肉联系。四是激励着全体党员干部砥砺奋进，决战脱贫攻坚，决胜全面建成小康社会。"

回忆当年的采访经历，罗开富动情地说："我30多年来9次赶赴沙洲村采访调研，有一种感觉就是我和沙洲村谁也不认识谁了，因为每次都能看到沙洲村面貌的新变化。我无疑斗不过岁月，而沙洲村却变得越来越年轻了，唯一不变的是沙洲村百姓对党的感情，越来越深。"

2019年5月，电影《半条被子》在江西于都开机拍摄，"半条被子的故事"从报纸走上银幕。罗开富表示，剧本立意就是生动展示红军长征的艰苦、红军与百姓的血肉联系，让人们感受到美好生活的来之不易，感受到只有中国共产党领导的红军队伍才能赢得民心获得胜利。

共产党给了我们幸福生活

在"半条被子的故事"主人公徐解秀的后人——村民朱小红家中，朱小红对经济日报记者说，"红军给了我奶奶半条被子，共产党给了我现在幸福的生活"。他家曾是村里建档立卡贫困户。2017年，当地建设的沙洲红色旅游景区面世，人均耕地不足0.7亩的村民吃上了"旅游饭"。朱小红参加了扶贫工作队组织的厨师技能培训，开起了一家名叫"半条被子"的土菜馆，成为沙洲村第一个开土菜馆的人，日子越过越红火。

9月17日，记者来到"半条被子"纪念广场边，一字排开的小摊上摆放着各种土货，村民热情地招呼着游客尝鲜、购买。村内青石板巷一端，85岁的村民徐良凤在自家门前支起小摊摆上了自家的干菜。看着来来往往的游人，徐良凤高兴地说："党的政策好，我每月都有养老金，还能在家门口赚钱。"

"沙洲村在2018年9月实现了建档立卡贫困户全部脱贫。如今靠着扶贫农庄、光伏发电项目及红色旅游，村集体账户里每年有40多万元的收入，村人均年收入12700多元。"沙洲村党支部书记、徐解秀的曾孙朱向群介绍，村集体收入用于为村民代缴医疗保险、向低收入家庭发放日常补助等方面。

"'共产党是好人，我们要永远跟着共产党走。只要跟党走，好日子在后头'，曾祖母这句常挂在嘴边的话，在沙洲村得到印证。"朱向群说。

红色基因代代相传

当年，红军长征经过沙洲村，3名红军女战士借宿徐解秀老人家中，临走时，把仅有的一条被子剪下一半给老人留下了。老人说，什么是共产党？共产党就是自己有一条被子，也要剪下半条给老百姓的人。

2016年10月21日,在纪念红军长征胜利80周年大会上,习近平总书记发表重要讲话,深情讲述了"半条被子的故事"。

如今,沙洲村充分挖掘"半条被子"的红色资源,搞好红色教育,传承红色基因。"半条被子的故事"发生旧址、"半条被子的温暖"专题陈列馆、红军广场以及沙洲田园综合体等文旅景点和项目相继建成,总投资近4亿元。朱向群介绍,村里还推出了"重走长征路"、特殊党课拓展训练等项目。

故事,不止在沙洲村讲述。2018年7月底,国家京剧院创作的现代京剧《半条被子》首演。2020年9月5日,电影《半条被子》在全国院线上映。"半条被子的故事"犹如一束光,穿越历史的时空长廊,照进更多人的心里。

(刘亮,《经济日报》2020年9月18日)

附作品背景:

2020年9月16日,习近平总书记考察湖南时首站来到"半条被子"故事发生地——汝城县沙洲瑶族村。"半条被子的故事"来自《经济日报》1984年11月14日的一版稿件《当年赠被情谊深 如今亲人在何方——徐解秀老婆婆请本报记者寻找三位红军女战士下落》。

报社敏锐注意到习近平总书记考察沙洲村的重大意义,连夜部署记者赶赴现场,采访了徐解秀老人的后代和沙洲村村民,9月17日采访罗开富,请他讲述当年采访经过和对习近平总书记考察沙洲村的感受,获得"半条被子的故事"走向舞台屏幕的文艺作品等资料，阐述习近平总书记勉励党员干部不忘初心的重大意义，深刻感受党始终不渝的为民情怀。

记者手记：

唯有真情感人心

一个故事能讲多久？一种精神能传多远？"半条被子"故事的答案是87年起。

"半条被子"的故事为何能够历久弥新，引起广泛共鸣？

就在于这样的故事直抵人心——在敌人围追堵截的长征途中，面对萍水相逢的百姓，红军视若家人，冷暖与共。

就在于这样的故事续集不断——沙洲村百姓过上了好日子，全国实现了全面建成小康社会，共产党没有辜负百姓"跟着党走幸福长"的信仰。

就在于这样的故事正本清源——对于近年来西方一些政客试图将中国共产党与中国人民割裂开来的卑劣用心，铁的史实是最有力的回击。

"半条被子"的故事已经写入最新出版的《中国共产党简史》。作为一名新时代的新闻工作者，能够参与这个故事的相关报道，是多么荣幸的一件事！（经济日报　王智　刘亮）

中国新闻奖副刊作品一等奖点评 | 典型人物报道要唯"实"

本文首发于2021年12月7日
作者：孙钱斌

2020年7月10日，《新华每日电讯》用整版副刊报道"燃灯校长"张桂梅的事迹。记者将连续追踪报道13年的情感灌注一文，将这枝"崖畔的桂，雪中的梅"展现在世人面前。

新媒体时代，副刊作品如何坚持守正创新，用报道阐释好时代精神？

传媒茶话会特邀中国妇女报社（全国妇联网络信息传播中心）社长兼总编辑孙钱斌为大家解析《新华每日电讯》的一等奖副刊作品——《"燃灯校长"送1600多名女孩出深山》。

典型人物的采写看似熟门熟路，其实很考验记者的功力。

尤其像张桂梅这样家喻户晓的人物，许多故事众人皆知，精神境界业已被高度提炼，再做报道，如何出新出彩，便是一道难关。

《"燃灯校长"送1600多名女孩出深山》一文荣登中国新闻奖一等奖，自有其过人之处。仔细研读文本，除了记者采访扎实，挖掘出一些既往报道没有提及的细节故事之外，叙事的平实、质朴，也构成了独特的表达力，与张桂梅的人格特质十分契合，既还原了张桂梅的素朴人设，又反衬出其作为"燃灯者"的不凡之举。这似乎给我们一个启示，越是典型人物，越不需要文本的虚张。平实、内敛的叙事，反倒更具有表达力，更能传递人物所内含的力量，更能形成与阅读者的共情。

具体来讲，《"燃灯校长"送1600多名女孩出深山》一文有这么几个特点，值得业者鉴学。

细节唯"实"

好的人物报道需要好的故事，而好的故事总是由好的细节构成。人物通讯常用的手法是现场还原，现场还原究其实质，还原的就是彼时彼刻的现场细节。人物有血有肉，全赖细节支撑，细节是一篇报道的"硬菜"。

这篇得奖作品在细节的采集、选取和表达上，下了很大的功夫，有意义有意思的细节贯穿全文，使典型人物鲜活生动、可亲可敬。文中有一段细节，记录了张桂梅十几年来坚持的一项颇具仪式感的"日常工作"——每天5点15分，她都会准时从女生宿舍的铁架床上爬起，忍着全身的疼痛，乘坐宿管员的电摩托来到教学楼，颤巍巍地从一楼爬到四楼，把每一层楼道的电灯点亮。

　　读罢，张桂梅的呕心沥血以及执着个性便跃然纸上了。这个细节之所以好，就是因为其"实"。所以，好的细节，就是"实"的细节；"实"的细节，才会有强的表现力。我们也经常看到一些人物报道，总感觉有些空，原因就在于细节不实。抛开细节虚构之类职业禁忌不谈，主要问题是采访环节没有挖掘到有价值的细节，或者在写作环节，不善于用"描述性"语言，"概述性"表达太多。

　　在人物报道中，"描述"应该是主体，"概述"主要是起承转合时的"跨笔"之用。文中有一段"描述"相当精彩，赴京参加党的十七大的张桂梅把县里给她的几千元服装费留给了福利院，于是出现了如下一幕：一位新华社女记者突然把她拉了过去，悄悄对她说："你摸摸你的裤子。"张桂梅一摸，羞得脸通红，她的牛仔裤上有两个破洞。正是在党代会上的这次"出丑"，助她圆了办学梦。

情感唯"实"

　　人物报道的温度，来自情感的表达。这既有对人物内心和情感世界的展现，也包括采写者的情感投射。这篇获奖作品对张桂梅的情感世界的挖掘也是立足于"实"，都是人物的真情流露，而采写者的情感投射也比较克制和适度，没有虚夸的成分。

报道通篇没有张桂梅表述自己如何爱大山里的女孩，但这份厚重的、亦师亦母的爱可以说力透纸背。而作者也不曾在文中赞美张桂梅如何，只是在恰当的地方点到为止，看似轻，实则重。

比如，表达张桂梅的情感是这样的——"我刚来华坪一年，并没有为这里做什么，这座小城却对我这么温暖。"张桂梅说，"我对自己说，活着吧，好好活下去，这座小城对我有恩，活着还可以还还人情债。""女孩子胆小，把灯提前打开，她们来晨读会感觉更安全、更踏实。"张桂梅如此解释自己的执拗坚守。

而作者投射自己的情感是这样的——楼道里，她瘦弱的身影，犹如一盏明灯，照亮了一届又一届大山女孩们的追梦之路。这样的表达含蓄，不夸张，却内蕴深情。情感表达的平实、收敛，在人物报道中往往能积蓄更强烈的共情力。而在一些不成功的人物报道中，文字上的过度煽情几乎是一个通病。

境界唯"实"

典型人物报道自然不能仅仅满足于把故事讲生动，对人物精神境界的提炼和传达，也是必备的能力。这篇得奖作品完整展示了张桂梅从一名普通教师成长为"燃灯校长"的人生和心路历程，每一段人生的转折都有过硬的故事支撑，使得张桂梅作为"燃灯者"的精神境界，非常自然地传达给阅读者，事和理水到渠成、水乳交融，体现了作者驾驭文本、拿捏尺度的水平。

张桂梅的"无我"，感动了很多人，但作者并没有抽象地去传达她的无私奉献,而是很具象地予以呈现,比如引用张桂梅说的话:"一个女孩可以影响三代人""我的目标是阻断贫困的代际传递""我情况不太好,能不能让民政部门把丧葬费提前给我,我想看着这笔钱用在孩子们身上"。又如,让校办主任来讲:每次跟着张老师家访,就像一路在跳"脱衣舞",走在大山里,一看到老乡没衣服穿,她都会把外套脱下来,披在老乡身上。典型人物的精神境界,通过写实的表达,往往更走心。

我理解,新闻作品毕竟和理论不同,对当事人精神世界的展示,抽象程度不宜太高。抽象程度太高,精神境界的独特性就难以表达,抽象成几个高大上的词语,个性就泯然于共性了。应该给阅读者留白,如果你的作品打动了他,他自会去提炼、领会。有些人物报道,虽然也把人物的精神境界点出来了,但总感觉有点"干",可能就是作者太想"抽象"了。

回到新闻的本原,我们首先是一个记录者,这是基本功,也是基本的职责。而记录便要写实,这里的"实",既包括"事",也包括"情"和"理";既指内容,也指表达方式。质本"实"来还"实"去,如此甚好。

附作品原文:

"燃灯校长"送1600多名女孩出深山

2020年高考落下帷幕。云南丽江华坪女子高级中学63岁

第二辑 好稿是怎样"修炼"成的?

的校长张桂梅,又顺利送走了一届毕业生。

这所大山里的免费女子高中,是当地的教育奇迹——它的历史很短,招收的大多是贫困、辍学或落榜的女学生,全校高考上线率、升学率却连年高达百分之百,本科上线率稳居丽江市前列。自2008年建校以来,已有1600多名大山里的女孩从这里考入大学。

不过,刚刚过去的这个学年,对张桂梅来说却异常艰难。

去年12月的一份诊断书上,医生密密麻麻地给她列出了骨瘤、血管瘤、肺气肿、小脑萎缩等17种疾病。她数次病危入院抢救,体重从130多斤掉到90斤,饱满的圆脸瘦成了干瘪的尖脸,甚至连从椅子上站起来都需要人搀扶……

即便如此,只要一出院,她总会第一时间出现在熟悉的校园。

已经无力站上讲台上课的她,十几年来坚持着一项颇具仪式感的"日常工作"——每天5点15分,她都会准时从女生宿舍的铁架床上爬起,忍着全身的疼痛,乘坐宿管员的电摩托来到教学楼,颤巍巍地从一楼爬到四楼,把每一层楼道的电灯点亮。

"女孩子胆小,把灯提前打开,她们来晨读会感觉更安全、更踏实。"张桂梅如此解释自己的执拗坚守。

楼道里,她瘦弱的身影,犹如一盏明灯,照亮了一届又一届大山女孩们的追梦之路。

"活着吧,我要还这座小城的人情债"

那一年,得知她生病后,学生们去山上给她采野核桃,剥

▶ 125

了满满一大盆核桃仁,两手黑乎乎的。还有学生家长去山上采野灵芝,磨成粉,让她拌在饭里吃

在张桂梅的前半生,她从未有过创办一所中学这样的梦想。

出生在黑龙江省的一个工人家庭,张桂梅是家里6个孩子中的老么。母亲生她时已是48岁高龄,正因如此,她从小就是全家最受宠的那个。

17岁那年,她跟随姐姐到云南支边,随后考入丽江师范学校。毕业后,她随丈夫回到老家大理,成为一名老师。

"那是我最幸福的时光,每天只管教书,家里不用我做饭,看中什么衣服他马上就给我买。"回忆起和丈夫在一起的日子,张桂梅至今仍觉得十分甜蜜。

这样顺风顺水的日子,在她36岁那年戛然而止。1993年底,丈夫被查出胃癌晚期,花光了家里的积蓄。一年多后,丈夫还是离她而去。

爱人去世,又没有孩子,张桂梅感觉内心一下子被抽空了。"当时我就想找个远远的地方躲起来,了此余生。"于是,她四处申请调动。1996年,她如愿从大理调到了偏远的丽江市华坪县。

调到华坪县中心学校后,张桂梅主动申请承担了4个毕业班的政治课。正当她想把所有的精力都倾注到教学上时,厄运再次降临。

1997年4月,她的脸色一天比一天差,肚子也越来越大,摸上去就像里面有块石头。在同事劝说下,她去县医院做了B超。做完后,医生面色凝重地告诉她:"快去昆明做手术吧,

第二辑　好稿是怎样"修炼"成的？

你子宫里的肿瘤有5个月孩子那么大。"

为丈夫看病早已让她一贫如洗，手术费用又十分高昂，拿着诊断报告，张桂梅哭了一整晚后决定，这病不治了。

第二天，她像往常一样，给学生们上课。直到几个月后中考结束，她才把患病的事情告诉学校，在县里帮助下去昆明做了手术。

张桂梅没想到，得知她生病后，学生们去山上给她采野核桃，剥了满满一大盆核桃仁，两手黑乎乎的。还有学生家长去山上采野灵芝，磨成粉，让她拌在饭里吃。"他们说，吃这些能治病。"

更让她意外的是，华坪县妇联发动全县为她捐款。在捐款现场，一位老乡把仅有的5元路费捐给她，宁愿自己走几小时山路回家；还有一位来赶集的村民，把原本给孩子买衣服的钱捐给了她……

"我刚来华坪一年，并没有为这里做什么，这座小城却对我这么温暖。"张桂梅说，"我对自己说，活着吧，好好活下去，这座小城对我有恩，活着还可以还还人情债。"

"女学生读着读着就不见了"

"我们经常说，要让每一个孩子拥有公平的起跑线，可这些女孩却连站上起跑线的机会都没有"

2001年，华坪县儿童福利院（儿童之家）成立，捐款的慈善机构指定要张桂梅担任院长。一心想为华坪做点事的她没有半点犹豫，马上答应。

福利院刚成立，就接收了54名孤儿。张桂梅白天在中学教课，下课后到福利院照顾孩子。没有儿女的她，把所有母爱都倾注给了这些孤儿，孩子们也都亲切地叫她"妈妈"。

慢慢地，她开始了解这些孩子们的身世，这让她的内心深受触动。"福利院的很多孩子都是弃婴，有一个女孩是家里的第四个女儿，因为父母不想要女孩，先后被遗弃了三次。"张桂梅说。

在她后来教书的华坪县民族中学，学生大多来自偏远山村，她也发现了一个奇怪的现象——很多女学生读着读着就不见了。

"有的被叫回去干农活、打工，有的是父母收了彩礼，就让孩子辍学结婚。"张桂梅说，因不是男孩，有的女孩从出生到长大，爷爷奶奶甚至都不会和她说一句话。

在一次家访途中，张桂梅看到一个女孩坐在山头，忧愁地望着远方，身旁放着一个箩筐。她上前询问得知，女孩才十三四岁，父母为了3万元彩礼，要她辍学嫁人。张桂梅当场就想带女孩走，但女孩母亲以死相逼，她无奈只能放弃。

"我们经常说，要让每一个孩子拥有公平的起跑线，可这些女孩却连站上起跑线的机会都没有。"张桂梅说。

目睹一幕幕悲剧，张桂梅心中渐渐萌生出一个大胆的想法——办一所免费的女子高中。不管中考分数高低，只要愿意读书，女孩们都可以来这里免费读书，考上大学、走出大山，通过知识改变命运。

有人听说了张桂梅的想法，说她想出名想疯了，那么多孩子，哪里救得过来？张桂梅却坚定地回答："能救一个算

第二辑　好稿是怎样"修炼"成的？

一个！"

"一个女孩可以影响三代人。"张桂梅说，如果能培养有文化、有责任的母亲，大山里的孩子就不会辍学，更不会成为孤儿，"我的目标是阻断贫困的代际传递。"

穿破洞牛仔裤的党代表

一天早晨，她急急忙忙往会场里赶，一位女记者突然把她拉了过去，悄悄对她说："你摸摸你的裤子"

办学的钱从哪里来？张桂梅首先想到的是募捐。"我就想，全省这么多人，每人捐10元给我也够了。"于是，从2002年起，张桂梅连续5年假期都跑去昆明募捐。她把自己获得的各种先进、劳模奖状复印了一大兜，在街上逢人便拿出来请求捐款。

让张桂梅始料不及的是，自己这么一个爱面子的人，放下尊严去街头募捐，换来的却是多数人的不理解。

"有人说我是骗子，说劳模怎么会到街上募捐。我还曾被人当面吐口水，甚至被放狗咬过。"5年下来，她只募集到了1万多元。

2007年，别无他法的张桂梅几乎要放弃了。就在这一年，她被选为党的十七大代表，准备去北京参会。参会前，华坪县委、县政府知道她十分节俭，舍不得买衣服，特意拨了几千元给她买正装。但她却舍不得花，把这笔钱留给了福利院。

回想起这件事，张桂梅笑着说："我都一身病的人，活不久了，买新衣服不是浪费吗？死了以后烧掉多可惜。"

后来，她穿着一身平时穿的旧衣服来到北京参会。一天早晨，她急急忙忙往会场里赶，一位女记者突然把她拉了过去，

▶ 129

悄悄对她说:"你摸摸你的裤子。"张桂梅一摸,羞得脸通红,她的牛仔裤上有两个破洞。

这是张桂梅平时最爱穿的牛仔裤,因为耐磨,自己平时家访走累了,经常席地而坐,裤子不知啥时磨破了。"当时我恨不得找个地缝钻进去。"她说。

那天散会后,张桂梅应约找这位女记者聊天。她这才知道,这个提醒她裤子上有破洞的记者是新华社的。两人从傍晚一直聊到深夜。"我把想建一所免费女高的梦想告诉她,两个人哭得稀里哗啦,边哭边聊,边聊边哭。"

张桂梅没有想到,正是在党代会上的这次出丑,让她的梦想成为现实。

没多久,新华社一篇题为《"我有一个梦想"——访云南省丽江市华坪县民族中学教师张桂梅代表》的稿件播发(见本报2007年1月15日头版)。张桂梅和她的梦想马上火遍全国。从北京回来后,丽江市、华坪县分别给她100万元,让她筹建女高。

2008年,华坪女子高级中学正式挂牌成立。这是全国第一所免费的女子高中。学校最初没有围墙,没有食堂,甚至没有厕所,唯一的教学楼也是在另一所中学的厕所原址上改建的。

当年9月,首届100名学生入学。

"周扒皮"校长

跑步去晨读,跑步去吃饭,跑步去睡觉……在华坪女高,学生们几乎做什么事情都是跑着的

"快点儿,磨蹭什么?"

"你们迟到一分钟、一秒钟我也不干!"

第二辑　好稿是怎样"修炼"成的？

华坪女高成立以来，张桂梅每天都会拿着小喇叭催促学生上课、吃饭、自习、做操。这已经成了女高最独特的风景线。

"她们私下里都叫我老大，有时候还叫我周扒皮、魔鬼，说我半夜鸡叫。"说起学生们给她起的外号，张桂梅哭笑不得。

从华坪女高的作息表来看，张桂梅确实配得上"周扒皮"这个外号。

所有学生从高一开始，就要遵循这套由张桂梅制定的、把时间压榨到极限的作息表：

从5点30分起床晨读，到晚上12点20分自习结束睡觉，除了中午有40分钟午休时间外，其他时间都要用来上课或自习，连吃饭、洗碗的时间都被严格限定在15分钟以内。为了节省时间，张桂梅甚至不允许学生在吃饭时聊天。

女学生爱美、爱干净，可为了杜绝学生频繁打理头发、洗衣服浪费时间，张桂梅要求所有学生留齐耳短发，并把洗衣时间严格限定在每周六晚饭后。"连女老师都不能穿裙子来学校，我已经十多年没穿过裙子了。"女教师张红琼说。

走进华坪女高，你会发现，学生们几乎做什么事情都是跑着的，跑步去晨读，跑步去吃饭，跑步去睡觉……

"我们的学生本来基础就差，头几届绝大多数甚至都没有过中考录取线，老师也没有经验。"张桂梅说，"有人批评我搞应试教育，可不拿出这样拼的架势，等到孩子们高考坐进同样的考场，做同一份试卷时，怎么和外面条件、基础好的孩子比？"

简陋的办学条件，高负荷的工作节奏，让很多老师、学生打了退堂鼓。不到半年时间，第一批进校的17名老师中，有9

人相继辞职。学生也有6名退学。

男老师杨晓冬说,当初报考大学时,父亲极力劝他读师范专业,说当老师工作轻松,假期多。可他毕业后来到女高工作,发现一切都和想象的不一样。

"连家都照顾不了,半夜12点多还要带着孩子来查夜。"杨晓冬说,可想想张老师这么大岁数,每天比自己还忙,也就不好意思抱怨了。"有一次,我经过张老师办公室,发现她一手拿着勺子,一手拿着烧饼,下巴托在键盘上,吃着饭就睡着了,她太累了。"

万里家访路

每次跟着张老师家访,就像一路在跳"脱衣舞"。走在大山里,一看到老乡没衣服穿,她都会把外套脱下来,披在老乡身上,有时甚至还要扒下随行老师的衣服

从教几十年来,张桂梅一直有一个习惯——家访。

很多人问她,开个家长会就可以解决的事,为什么非得家访?张桂梅回答道:"山里人来趟城里不容易,花钱不说,还耽误农活。"

其实,跟她去过的人都知道,家访的意义还在于,及时了解学生的家庭情况和心理状态,确保每个孩子都能一门心思学习,顺利考上大学,改变自己甚至整个家庭的命运。

担任女高校长后,哪怕工作再忙,身体再差,张桂梅的假期家访都雷打不动。十多年来,她的足迹遍布丽江市一区四县,行程超过10万公里。

许多学生家在偏远山区,进村的路不好走,车子进不去的

第二辑 好稿是怎样"修炼"成的？

地方，张桂梅就搭老乡的拖拉机；下雨天，路泥泞难走，她就卷起裤腿一脚深一脚浅地往前走；村民不忍心，让她坐在自家的马背上，走出山沟……

采访当天，记者恰巧遇到了女高2014届毕业生山启燕。她刚考上了县城的幼教岗位，特地来给校长报喜。两人一见面，又说起了当年张桂梅家访，遇到山启燕在街上卖甘蔗的经历。

山启燕家住华坪县荣将镇龙头村。高三寒假，家里缺钱过年，山启燕一早从家里背着甘蔗来街上摆摊。马路转盘人来车往，她选了块地方坐下，学着周围的商贩吆喝。

恰巧这一天，张桂梅来荣将镇家访。她一眼就认出了自己的学生。

"快高考了，不在家好好看书，咋跑来卖甘蔗？"即便心疼学生，张桂梅还是先甩下一句狠话。临走时，她给山启燕打气："好孩子，要争气考上大学，以后就不用过这种日子！"

山启燕家那时住着土房，父亲身体不好，母亲在水泥厂打工。每到假期，她一早就要去田里砍甘蔗，然后背到镇上卖。家访了解她家情况后，张桂梅默默记在心里，经常偷偷塞生活费给她。山启燕说，女高不仅是一个学习的地方，更像是一个大家庭，而校长就是最牵挂她们的家人。

经常陪张桂梅家访的华坪女高办公室主任张晓峰开玩笑说，每次跟着张老师家访，就像一路在跳"脱衣舞"。走在大山里，一看到老乡没衣服穿，她都会把外套脱下来，披在老乡身上，有时甚至还要扒下随行老师的衣服。把自己带的钱都送出去了，她还要把随行老师的裤兜挨个掏空。

"她从没在学生家吃过一顿饭,带去的面包、馒头也会分发给路边的老人、小孩,我们跟着家访经常饿肚子。"张晓峰苦笑着说。

"能不能把丧葬费预支给我?"

"我对她们的期望不是一定要考上名牌大学。我希望她们变得更强,然后把心中的'我'去掉80%吧,有能力去帮助那些需要帮助的人"

工作数十年,张桂梅的名下几乎没有任何财产。她至今仍住在女高的一间女生宿舍里,和几名女学生住在一起。几十年的工作收入,除了看病吃药,她至少捐出了上百万元。

2018年初,张桂梅再次病危住院,她感觉自己可能挺不过去。华坪县县长庞新秀来医院看望她,她拉住县长的手说:"我情况不太好,能不能让民政部门把丧葬费提前给我,我想看着这笔钱用在孩子们身上。"

如今,回想起要预支丧葬费这件事,张桂梅仍坚持说,哪天如果自己突然走了,千万不要操办什么丧事,骨灰撒到金沙江里就完事了。

在生命垂危之际,心里仍挂念着学生。张桂梅无私奉献的大爱,也感染了身边的同事和一届届学生。

年轻教师勾学华,婚礼当天早上还在上课,中午匆匆办完婚礼后,晚上又赶回学校给学生上课;教师杜朝仙右脚骨折,因担心学生高考,拒绝了医生要求她静养的建议,让在设计公司的丈夫辞去工作,每天背她来教室上课……

周云丽是华坪女高的第一届毕业生。2015年从云南师范大学毕业后，周云丽原本考取了邻县一所学校的教师岗位。当听说女高缺数学老师后，她放弃了到手的正式编制，成为女高的一名代课老师。

陈法羽曾经是张桂梅眼中爱调皮捣蛋的"坏学生"。2009年中考结束，她的分数没有过线。考不上高中，她只好跟着家人去地里干活。因为女高，她搭上了可以继续读书的"末班车"，再次点燃了全家人的希望。

2012年，陈法羽顺利考上了云南警官学院。毕业后，她成为一名警察，领到第一个月工资后，她把几千元工资全部打到女高账户上，用来资助需要帮助的学妹。

十多年来，女高的上千名毕业生已遍布全国各地，很多学生大学毕业后和张桂梅一样，主动选择去了偏远艰苦的地方工作。

在华坪女高的墙上，有这样一幅宣传画，上面写着醒目的几个大字："清华北大我来了！"张桂梅说，每年她都在鼓励孩子们考上更好的学校，但她也会告诉学生，高考不是终点，高考过后人生还有更长的路要走。

坐在校园里的一把藤椅上，张桂梅喃喃地说："我对她们的期望是什么呢，不是一定要考上名牌大学。我希望她们变得更强，然后把心中的'我'去掉80%吧，有能力去帮助那些需要帮助的人。"

孩子们没有让她失望。

（庞明广、严勇，《新华每日电讯》2020年7月10日）

附作品背景：

这是《新华每日电讯》乃至新华社2020年最有传播力的人物报道之一，被赞"石头人看了也要流泪"。报道让更多人知道"燃灯校长"张桂梅帮1600多名女生走出深山的故事，助其获"时代楷模""感动中国年度人物""最美教师"等荣誉。

这是一个连续追踪13年的典型人物。2007年，张桂梅"穿破洞牛仔裤参加十七大"的报道刊发在《新华每日电讯》头版，她的故事一夜传遍全国。在接受央视采访时，张桂梅仍感激《新华每日电讯》。13年中，记者多次报道她的事迹。高考前夕这篇最新报道，又挖出张桂梅"病危时要求预支丧葬费给学生用"等独家感人故事，并创造了"燃灯校长"这个称谓。

记者手记：

十多年持续跟踪，见证"燃灯校长"烛照光芒

"燃灯校长"张桂梅，作为"七一勋章"获得者、教师楷模，现在已是家喻户晓。

而早在14年前，张桂梅就与新华社、《新华每日电讯》结缘。

2007年金秋，正是《新华每日电讯》在头版报道了张桂梅"穿破洞牛仔裤参加十七大"，讲述了她"想办一所不收费的女子高中"的"梦想"，直接促成她创办了华坪女高。张老

师经常把这件事挂在嘴边,素来不爱接受采访的她,也因此从不拒绝新华社记者的采访。

过去的十几年,新华社多次报道张老师的感人事迹,见证了张桂梅的"燃灯"精神。去年高考前夕,《新华每日电讯》再次策划约稿,准备推出张桂梅的整版人物报道。当时,采访时间十分有限,从出发采访到稿件见刊,前后不过四五天,近6000字的稿件我们差不多一个通宵便完成初稿。正是得益于十多年的持续跟踪积累,稿件才能在这么短时间以较高质量呈现出来。

回顾这次报道,我们的一个深切感受是,即使在青睐"快餐"阅读的新媒体时代,只要采访深入,挖到足够多的独家故事和细节,长篇人物报道仍然大有可为。在采访中,我们不局限于面对面座谈的常规采访形式,而是每天从清晨到深夜,陪在张老师身边,感受她繁忙生活工作里的每一个小细节。比如,她清晨为学生打开教学楼楼道的灯、每天大把大把吃药等,都成为稿件中最为动人的故事细节。

此外,我们在写作中也力求不写空话套话、不刻意拔高,而是以平实的文字、鲜活的细节、动人的故事来打动读者。正是得益于此,这篇稿件不仅在传统纸媒上有较好的呈现,在新媒体端更是形成了很强的传播力,《新华每日电讯》等多个公众号阅读量10万+,许多网友评论说"石头人看了也要流泪""我们需要这样的新闻作品,沾泥土,带露珠,冒热气"。我想,这就是践行"四力"的力量,这就是讲好故事的力量。

(新华社记者庞明广)

精选留言

万步得一：

除张桂梅的事迹意义重大外，近年来我们的新闻评奖也在向基层倾斜，这是一种好的趋势。

第三辑

给媒体人提个醒

警惕！新闻插图别出错，一不留神被骂成下一个人教社

本文首发于 2022 年 5 月 30 日
作者：陈莹

2022年5月下旬，人教社教材插画的相关新闻霸占热搜，劣质插图引起社会广泛关注。

教材、绘本插图出错引起全国震动，不禁让人从图书插图想到新闻插图。

媒体使用新闻插图时需要注意什么？哪些插图容易"翻车"？有哪些实用的编审方法？

2022年5月28日，传媒茶话会对话封面新闻副总编辑余行、正观新闻头条频道召集人王长善、凤凰网新闻总监吴曙良、某党报编委、华南理工大学新闻与传播学院教授赵泓。

传媒实操小红书·
不可不知的采编小技巧

新闻插图为啥出错？

新闻插图又称新闻插画，它与新闻摄影不同，特指插附在新闻报道中的绘画性插图，具体形式如漫画（卡通）、速写、图表、电脑插画、影像拼贴等。

新闻插图出错的话，媒体很可能被骂成下一个人教社。

这并不是危言耸听。

2021年6月21日，《朝鲜日报》一篇有关性交易的报道中，使用了一张让人联想到韩国前法务部长曹国和其女儿的插图。事发后曹国在社交平台上发文抗议。两天后，《朝鲜日报》发文致歉。

新闻插图为什么会出错？

封面新闻副总编辑余行认为："一是插图来源不规范，有的小编图省事，将网络图片作为稿件插图使用；二是审校环节存在瑕疵，在重点稿件和重大文字报道中，对稿件进行了严格审校，但忽视了对插图的反复校对和确认。"

"一句话：水平问题，责任心问题！"正观新闻头条频道召集人王长善分析称，差错背后是风险意识淡薄，责任感不强。"当下，编辑普遍年轻化，缺乏严苛的审核经历和风险排查意识，专业知识有限，能力不足导致发现不了问题。另外，快餐时代，流量至上，人心浮躁，编辑就像被裹挟着奔跑一样，很难沉稳下来做好把关，存在粗制滥造现象。"

新闻插图怎么审？审什么？

如今，新闻插图已经成为报纸、新媒体、电视等传播新闻信息、加强宣传效果、引导受众进行深入思考的重要载体。在实际应用中，新闻插图的哪些方面应该引起重视？

余行总结说："媒体插图应警惕事实性差错、传播导向差错、图片使用侵权等多样问题。"

"宗教、民间禁忌和色情方面容易出问题。"华南理工大学新闻与传播学院教授赵泓分析称，"有些新闻插图承载评论、讽刺等功能，尤其是具有争议性的话题，风险主要在于容易以偏概全。"

凤凰网新闻总监吴曙良表示，涉及地图、人物配图时容易踩坑，需要警惕错误地图、人物照片张冠李戴的情况。另外，涉及个人隐私方面也要重点重视，比如对未成年人、敏感案件当事人的保护。

媒体都是怎样编审新闻插图的？

一般来说，自制新闻插图的生产流程是相关编辑记者、负责人布置选题，美术编辑设计草稿，方案审定后正式创作。

到了审核环节，三审三校是通用标准。"对于新闻插图，美编责编是第一关，值班主任、首编是第二关，值班编委是第三关。再把握不准的，汇报给社长、总编，请他们审定。"某党报编委强调，"党媒属性决定了我们对文图的审核同样重视。"

再如封面新闻，通过制度对全流程进行分层次管理。"陈陈相因，环环相扣。通过责任的层层传导，从小编、审核稿件的部门总监到值班编委、各环节的审校专员，再到终审领导都不放过一个疑点。"余行介绍说。

媒体对于新闻插图的审核重点，主要是以下几条。

1. 政治性和导向性

"正观新闻对插图的审核要点，主要是不能有导向问题，不得违背公序良俗，不能引起观感不适。"王长善总结道。

《报纸出版管理规定》也明确要求，报纸出版必须坚持正确的舆论导向和出版方向，坚持把社会效益放在首位、社会效益和经济效益相统一和贴近实际、贴近群众、贴近生活的原则。

2. 准确性和直观性

通过新闻插图实现评论、夸张、讽刺效果是媒体的常用手法，在赵泓看来，如何用一幅图准确传达出作者的观点是新闻插图的难点所在，同时也是审核重点。

新闻插图以新闻报道为依据，应当符合两点：一是符合生活真实和历史真实；二是各种细节符合文字原貌，主要是人物、环境、情节等，容不得发挥和想象。

3. 图文相关性和可读性

"新闻插图主要是按需生产，重点审核图文相关性，做到画面、图形、数据与文字相匹配。"上述党报编委向传媒茶话会表示。

再如《中国日报》，除摄影图片外，插图内容以漫画为主，其海外版头版插图更在微信平台上广泛传播。该报负责插图的资深编辑李旻曾撰文分析称，新闻插图需要生动传神地诠释新闻内容，把抽象的理论和难以理解的文意，转化为通俗易懂且富有美感的视觉图像，它既可以对新闻文本进行补充，又可以增强新闻的可读性和趣味性。

需要注意的是，新闻插图对文字的从属并不是排斥发挥其自身特点——在视觉形象和内容情节的设计之中，发挥视觉语言的特长。因此，新闻插图应与文字报道一起，为新闻信息的传播与宣传效果共同发力，相得益彰。

4.视觉性和舒适性

在凤凰网，新闻插图的视觉冲击力度也是需要具备的，"比如，是否足够有现场感、是否充分展示人物关系、是否带来一定的信息增量。"吴曙良补充说，这里还要考虑到读者的心理舒适度，比如不宜出现过于暴力、血腥等元素。

新闻插图的4个防差错锦囊

媒体可以从哪些方面入手强化新闻插图的使用？访谈专家给出4个锦囊。

1.提升编校意识，加强业务培训

2020年6月，国家新闻出版署印发《报纸期刊质量管理规定》，对报纸内容质量、编校质量、出版形式质量提出明确要求。并且，《报纸编校差错率计算方法》也明确，作品性图片（新闻摄影、艺术作品等）按版面字数的80%计算，装饰性图片按版面字数的30%计算。

可见，插图也是报纸编校质量中不容忽视的一环，"重文字轻图片"的思想观念亟须转变。

此外，媒体还可以通过加强相关人员专项培训、开展座谈讲座等方式，提升编审业务水平。

2. 强化责任归属，从源头堵死漏洞

2022年5月29日，《法治日报》评人教社教材插图，称"毒教材整改不能避开追责问责"。

在媒体中，对于新闻插图的编审也有追责制度。

王长善介绍说，正观新闻对新闻插图差错"零容忍"，有错重罚并内部通报。"三审三校的每个环节都很重要，关键要从源头堵死漏洞。"

"我们的插图来源主要是美编自己制图、来自新华社等权威渠道，以及商业图库采购。"上述党报编委表示。

在封面新闻，严格规范编发流程，必须在自建的封巢系统内发稿，不得体外循环。并且，对于重点插图实行交叉校对、多级校对等。

3. 警惕流程漏洞，引入智能辅助

新闻报道有一定特殊性，有些时候文字先行，甚至文字三审三校做完了插图最后时刻才到位，这时候可能不会再重复完整的审校流程，给审核环节留下漏洞。

此外，融媒体时代，稿件量大，时效性要求高，小编难以将精力时刻集中在审校环节，引入智能辅助是堵住漏洞的一种有效办法。

封面新闻通过强化AI智能学习，常态化更新数据库，添加关键词、敏感案例，从而不断提升封面智媒审核云的图片纠

错能力，为编辑在选用插图时，提供智能校检帮助。

4. 外部合作严格把关

部分媒体需要手绘、插画等素材时也会从市场上寻找合作方，针对这种情况，赵泓分析说，"虽然跟外部插画师、工作室合作，但三审三校的流程管理不会因此改变，政治关和审美关都应当是由媒体掌控的"。

此外，与外部合作时这两点也需要媒体注意，一是审核插画师、工作室的相关资质；二是注意对插图版权的约定，以免陷入被动。

精选留言

刘锦溪：

> 新闻是严谨的，插图和文字一样重要。

调3碗火锅小料要曝光！节粮报道谨防"低级红"

本文首发于2020年8月27日
作者：刘娟

在海底捞各调3碗小料的两位年轻人估计怎么也不会想到，自己竟会因吃火锅调了3碗小料被报道，甚至还登上了微博热搜榜，并引起一波舆情。

习近平总书记关于"坚决制止餐饮浪费行为，切实培养节约习惯"的重要指示持续在全网刷屏，媒体近段时间以来也对社会上的一些浪费粮食的行为进行了曝光和批评。

2020年8月11日，央视点名批评直播平台上一些"大胃王"吃播边吃边吐，浪费粮食；同年8月13日，《南方日报》发表评论《该向"大胃王"吃播说"不"了》。除此之外，很多媒体都对吃播浪费粮食的行为进行了曝光，而网友们也对主流媒体批评吃播表示支持。

可是渐渐地,"厉行节约、反对浪费"这种好的倡议却在报道时走偏了。

2020年8月19日,某记者来到北京市大兴区的一家海底捞火锅店内,看见有两名年轻人各自调配了3碗不同口味的小料,便将这种"浪费"行为写进了报道中。报道在微博上传播后,引起了网友的不满,指责媒体报道"矫枉过正""低级红"。

网友为何对央视批评"大胃王"吃播叫好,而对调3碗小料的报道嗤之以鼻?

我们认为,主要原因还是媒体在报道时没有从常理常情甚至常识出发,不走心、不过脑,将一些节约粮食的主张简单化、极端化,将最不容易弄成形式主义的事情搞成了形式主义,从而令人质疑、生厌,让正面报道产生了负面效果,让宣传节约粮食的报道变成了"低级红"。

不同的蔬菜、肉类要辅以不同的蘸料,这本身就是一件极为正常的事情,就好比做一道菜需要各种调味品一样,不能因为调味品种类多就批评这是浪费行为,如果这样的逻辑成立,一切的菜品里只放盐可能才是对节约粮食最好的响应。显然,这很滑稽,也难以自圆其说。

此前一些新闻报道中巡检员对厨师说"鸡屁股切除太大浪费";一些地方出台"N-1点餐模式"后立马有地方推出"N-2点餐模式";还有一些餐厅以节约粮食为由打出"称体重点菜"的噱头,实则为了换取商业利益;学校将节约粮食纳入学生素质评价，学生单日浪费粮食超过2两取消其评奖评优资格；剩菜超过15%，服务员受罚……

针对上述现象，就有网友评论"现在节约粮食已经管到鸡屁股上了？""总有人会把好经念歪""宣传节约不要太做作""不敢点辣子鸡，那么多辣椒我真的吃不下去""带俩生长发育中的半大小子去吃饭怎么办，一人顶仨人的饭量""N-1、N-2，我一个人吃饭还不给我吃了"……

网友们的评论不论是调侃还是自嘲，都表明了网友对这种"低级红"报道的不满。一方面，节约粮食与适度消费、合理消费并不矛盾，我们反对的是铺张浪费，节约粮食极端化是将好倡议闹剧化。另一方面，节约粮食是道德要求而不是法律规定，公众在外就餐过程中还剩下半边鱼没吃完，剩下三分之一的菜没打包，这些都没有违反法律规定，媒体既然看到了可以尝试以引导、劝说和团结为主，帮助公众培养好的习惯，而不是悄悄拍下后直接曝光。

除此之外，还有一点需要注意。2013年，习近平总书记曾在新华社一份《网民呼吁遏制餐饮环节"舌尖上的浪费"》的材料上作出批示。习近平总书记指出，广大干部群众对餐饮浪费等各种浪费行为特别是公款浪费行为反映强烈。"各级党政军机关、事业单位、各人民团体、国有企业，各级领导干部，都要率先垂范，严格执行公务接待制度，严格落实各项节约措施，监督杜绝公款浪费现象。"

由此可见，在公众的心中，"厉行节约、反对浪费"更要从党员领导干部做起，从遏制公款、机关食堂浪费行为抓起。

媒体在报道节约粮食相关新闻时，要摸准公众的情绪以及关注的焦点。正如《浙江日报》2020年8月19日的评论《节约粮食，机关带好头》中所指出的那样，"制止浪费，机关、企事业单位确应主动出列、率先作为"。

《人民日报》2020年8月27日第10版也刊发文章《节约粮食，国家机关在行动》，报道了农业农村部、国家信访局和由国家机关事务管理局提供后勤保障服务的国家国际发展合作署在爱粮节粮、厉行节约上的好做法好机制。

媒体与其去报道"鸡屁股割太多浪费""吃火锅调3碗小料"，不如将各地各机关在加强立法，强化监管，采取有效措施，建立长效机制方面的有益经验报道好。

处于社会转型期的公众观念与价值观日趋多元化，越来越多的人开始更加理性、带着思辨去看新闻报道，因此，一些不讲常情、常理、常识的报道就会引起公众的反感。贴近民心、民情的报道才会受到公众的支持，才会起到事半功倍的传播效果。

比如2020年8月26日，人民日报官方微博发布的短视频《跟着李子柒看水稻的一生》，视频记录了水稻从一粒种子到端上餐桌的成长过程，传递了"一粥一饭当思来处不易""节约粮食从我做起"的价值观。截至8月27日12时，这则微博观看次数为639万次，众多网友留言"这才是真正让人明白为何要节约粮食，杜绝浪费""真的很辛苦呀，珍惜粮食，不浪费一粒米"。

2019年2月印发的《中共中央关于加强党的政治建设的意

见》明确指出,不得搞任何形式的"低级红""高级黑"。可见,这些做法的危害性越来越强。放到这次节约粮食的倡议中来看,倡导节约粮食本是正理,媒体在报道时要谨防"低级红",勿将好的倡议搞成闹剧引起公众反感。

精选留言

梦想家:

　　这才是正确的价值观,不唯上,只唯实。节约粮食是好倡议,从领导干部公款吃喝的浪费做起。不节制地侵入私权领域,只会带来反效果。

天天写"日前"误导公众,就不怕没日后呀?

本文首发于2020年3月9日
作者:刘灿国

历史的经验告诉我们:科学和真相是应对疫情的两把钥匙。

但就在这个节骨眼上,媒体上依然"日前"体、"近日"体到处都是,实在辣眼睛。

为什么辣呢?

因为除了这两个模糊字眼外,你根本找不到关于时间的具体表述。

这就有点婶可忍叔不可忍了。

首先,从新闻专业主义来说,新闻的五个W是什么?第一个就是When,时间是第一新闻要素呀,特别重要,所以我们写作消息时,经常时间是导语里面第一个词、第一句话。

其次,从真相角度来说,不同时期发生的同一事件,它的新闻意义是不一样的。譬如说疫情前期有些专家说的话当时还可以理解，你现在再说那就会引起全国人民的愤怒。

所以时间不清就是真相不明，真相不明就可能误导公众，所以不能容忍。

自媒体人素质参差不齐，一些从业者估计连新闻的五个W都没听说过，有些甚至是故意模糊时间概念，欺骗受众，暂且不予论道。

还是说说主流媒体吧。

要说"日前""近日"体，历史可就悠久了。

我没有考究，是不是随近代新闻一起诞生的，但确实打我自20世纪90年代中期做记者开始，业界就一直是这么干的，而且看起来也一直习惯于这么干。

反正那时候是单向传播，我就这么说了。受众？受众怎么啦？你咬我呀？

那么权威的主流媒体为什么会频繁使用"日前""近日"体呢？

究其原因有三：

一是记者采访时间段较为冗长，可能是连续好几天采访的，描述起来要一大段字，因此用"近日"或"日前"两个字统称，比较省事。

二是确实难以打听清楚新闻事实发生的具体时间。

三是新闻事实确实发生得比较早了，具体时间写出来会比较丢人。

第三种原因最为恶劣，我专门查了一下百度，"日前"和

"近日"都是指几天之内，超不过十天。可我们大多数模糊时间的情况呢，往往是新闻事实发生在十天之外，有的甚至荒唐到数年之外，这不就成假新闻了吗？

专业教科书说"今天的新闻是明天的历史"，我们倒好，今天的新闻是昨天的历史！

要说解决方案，也不是没有：对于第一种原因，你可以写从几月几日到几月几日；第二种原因，你可以写大致尽量准确的具体时间，别让受众盲猜；第三种原因，要么你别发稿了，如果新闻事实确实重要，适宜"史海钩沉"的话，就老老实实写清楚真实的时间，那也比骗人好呀。

电影《天下无贼》里面，贼头黎叔对手下女贼说："人心散啦，队伍不好带啊。"

此前不少新闻界男同胞跟我反映：女记者不敢娶。

现在好多家长纷纷吐槽：娃是真不好管了。

为啥？

道理很简单，人家信息量大得很，不是你说啥就是啥的"一言堂"的时候了。想哄人蒙人？门都没有啊！

同样的道理呀，现在传播环境变了，信息量空前增大，受众自己都成传播者了，你要再用以前的单向传播思维去对付受众，那就是刻舟求剑，不"翻车"才怪？不信大家看看最近的主流媒体"翻车"事故，苍天饶过谁？

网信办的同志曾跟我说，网络新闻危机处置有"三三三原则"，也就是针对新闻传播，此后分别在三分钟、三小时、三天之内做出的反应，其效果有天壤之别。各官媒微信公众号对于热点的报道，早一分钟可能就是十万百万加，晚一分钟汤都没喝着。

所以目前传播环境的时间要素，是以分、秒、小时计算的，也就是到了分秒必争的白热化竞争环境。

我们倒好，还在以日为统计单位，以日为统计单位也就算了，还不小巷里拿竹竿——直来直去，还要遮遮掩掩，合适吗？

但也不能因此说，主流媒体没机会了。

目前是融媒体时代，信息量确实是大了。但面对比钱塘潮还汹涌的信息潮，人们不得不高唱"借我借我一双慧眼吧，让我把这纷扰，看得清清楚楚明明白白真真切切"。

大家在微信群朋友圈看到一条重要信息的时候，首先就要质疑：真的假的？

疫情期间，受众心理更加敏感，更需要真相，更需要准确的信息。

这时候就要求主流媒体真正起到权威作用，有用户思维、互动意识，成为受众之眼，带他们穿越拥挤的信息潮，成为定海神针，使他们不受谣言左右。

技巧之一，就是写出具体时间吧，这并不难，也会使我们更加可信。

尤其，辟谣的真新闻，最好别让公众等太久，时效依然很重要，俗话说，迟到的正义不是正义，同样，迟到的真相，也不是真相。

为啥迟到的真相不是真相呢？

讲个历史小故事来结束吧。

东晋末年，桓玄篡晋称桓楚，刘裕在京口起兵反正，从者不过百十人，不幸当天楚兵就杀到了。

刘裕这个自媒体大V在城楼上就造谣说：东晋皇帝在江州被拥戴复位了，桓玄大势已去。底下楚兵面面相觑，当时也没有一份《桓楚日报》来辟谣，只好四散走了。

等这些兵将得知迟到的真相时，造谣者刘裕，已经成功了。

精选留言

徐华锋（中国保健协会秘书长）：

好哥们儿灿国，日前浮躁社会里最有旧时范儿的媒体人，传媒界我最尊敬的兄弟，最懂媒企融合发展的好朋友。灿国为传统媒体的生存转型操碎了心，虽然改变不了江河日下的现实，但他乐此不疲信心满满不屑于自媒体的兴风作浪。每聚一次我都会感慨他的执着，任凭我怎么奚落已没几个人看的报纸业，但丝毫拽不回偏爱传统油墨味儿的这头倔牛。我挺自豪有这样的朋友，坚强善良、原则义气，打死都不会背信弃义。我也心疼他看起来快60岁实际上50岁不到的焦虑发型。我更相信他倾注全心的"传媒茶话会"的日后，会有越来越多的粉丝涌入，成为媒体高人、行业精英最爱去的"茶馆"。

传媒实操小红书·
不可不知的采编小技巧

杭州马某被抓？使用化名要避免误解、猜测

本文首发于2022年5月3日
作者：李磊

2022年5月3日，据某媒体客户端消息，4月25日，杭州市国家安全局依法对勾结境外反华敌对势力，涉嫌从事煽动分裂国家、煽动颠覆国家政权等危害国家安全活动的马某采取刑事强制措施，目前此案正在深入调查中。

消息一出，众多媒体转载了这一新闻，很多新闻资讯客户端做了push。

杭州、马某，这些关键词，让很多人联想到了某马姓知名人士。

但环球时报前总编辑胡锡进在微博上对此进行了辟谣——杭州市国家安全局抓的是"马某某"，不是"马某"。

此后，环球网、中央政法委长安剑等媒体、机构都使用了

马某某的称呼。

马某和马某某截然不同。到底是机构发布信息时没考虑周全，还是媒体报道时改动成"马某"？应该搞清楚，避免下次出错。

需要提醒大家的是，因为"马某"称呼引发对某知名人士的猜测，这是化名称呼使用不当引发的问题。

此前，传媒茶话会发布使用化名应该注意哪些问题的文章提到，使用化名应该注意一个非常重要的原则：

避免造成误解、猜测。

在新闻报道中，化名是一个很笼统的概念，大体分为两种情况：全部化名，比如马某某；和部分化名，用保留姓氏的方式，如马某×简单的称谓。

使用化名时要以不可辨认为原则，避免被识别出真名，对当事人产生伤害、不利影响，或引发侵权纠纷。新闻报道中无法用真名，可以用姓氏加某或ABC这种代号的形式，既可以保护当事人，又可以避免不必要的猜测。

比如，今早这则轰动的新闻中的报道对象可以称为马某某，或者马某×。

精选留言

KANG-RX：

看到下面的评论很多是在指责资讯类APP编辑的，但是这个并不应该算是他们的责任，因为作为转发的平台，尤其央视发布的内容，是绝对不会改为马某某的；很多人指责为了博眼球，如果是央视的话，也是为了博眼球吗？这篇文章最初的报道也是失之偏颇的，应该展现的是事件完整形态，央视后续的电视上播出的视频就改为了马某某。

林进春（北大荒视觉）：

这个热点抓得太及时了，分分秒秒，来个火热新鲜出炉，跟热点，出爆款！

"日前"体终于"翻车"了

本文首发于2022年4月2日
作者：刘娟

2022年3月31日晚，上海市第六人民医院在政务新媒体上以《新冠疫情笼罩下的"丁丁保卫战"》为题，发布了一则紧急救治来自境外高风险地区的外籍患者生殖器的消息。消息发布后，引发网上大型"翻车"现象。

网友在社交媒体上留下大量评论：

"一边是哮喘病人、护士得不到及时治疗去世，一边夸自己救了洋人的丁丁，真的是恬不知耻！"

"哮喘病人不管导致死亡，弄这个事很上心！"

"想当年，淞沪会战抗击日寇，军士伤亡，平民伤亡，最后一副人间惨剧；看今日，上海六院救治洋人，院长匆忙，主任匆忙，终是一派喜气洋洋。"

在上海疫情最为吃紧的时候，在刚刚先后爆出因疫情防护两名患者去世的时候，在很多病人四处求医无门的情况下，上海市第六人民医院在新媒体账号上发布了全院齐心协力为外籍患者"保卫丁丁"的新闻，这种巨大的落差，激起了网友的愤慨和不满。

在引发舆情后，有疑似上海六院的员工指出，"丁丁保卫战"发生在3月2日，那时候上海疫情还没有暴发，加之泌尿科本身也没有那么多患者。所以，事情并非网友认为的区别对待。

可这并不能责怪网友，原因是上海六院在文章的第一段就是"日前，××××"，一看日前，正常人都会以为是最近几天才发生的事，有谁会想到六院不按常规出牌，把快一个月前发生的事写成"日前"呢。可能六院自己都没想到，一个"日前"，会让自己翻这么大一个车。

要知道，同一则新闻，在不同的时间点发生，可能就是完全不同的传播效果。

试想，如果六院在发布文章时把"日前"改为"3月2日，在疫情发生前"，网友的不满情绪也就不会如当下一样强烈了。

但六院可能会委屈。毕竟，当下不少新闻媒体的报道里，甚至政府官网的公告上，也会时不时地出现"日前""近日"等时间模糊体。

这种委屈有点像阿Q，阿Q伸手去摸静修庵小尼姑新剃的头皮，小尼姑满脸通红地说："你怎么动手动脚的……"阿Q的答复是："和尚动得，我动不得？"

新闻明明有自己发生的具体时间，为啥就是不写呢？

有一种情况是，有一些不宜标明时间的时政报道、政策发布类报道等，确实可能会用"日前"。但更多不属于上述情况时，仍有媒体这么用，就不合适了。

早在2020年3月9日，传媒茶话会就发表了题为《天天写"日前"误导公众，就不怕没日后呀？》的评论，分析了媒体的这种心态。

无非就是有些新闻由于采访周期长，为了省事用"近日"或"日前"两个字统称；或者确实难以打听清楚新闻事实发生的具体时间；还有就是新闻事实确实发生得比较早，具体时间写出来会比较丢人。

其实，还有一个原因，就是时间模糊体新闻习气的形成，是在单向传播时代形成的陋习，媒体习惯高高在上，不太在意用户的感受。

到现在，偶尔还有某些电视台播新闻，也是"日前"体，结果眼尖的观众就发现："这不是冬天吗？怎么被采访对象还穿个汗衫，街上树木还郁郁葱葱的，太扯了。"

时代不一样了，别再刻舟求剑了。现在是强调互动的社交媒体时代了，再也不是你嘴大我嘴小的年代啦，人人都是记者，人人都有麦克风。你说得不对，你说得扯，我就敢跳起来反对，所以才导致新闻传播经常"翻车"。

社交媒体时代，新闻传播已经按秒计算，不再是以前报纸版面按天计算了，别再停留在"日前"阶段，叫人笑话。

其实，真要想做到陈述新闻事件的准确性，也不难：对于采访周期长的选题，可以写从几月几日到几月几日；对于确实查不到具体时间的，可以写大致的时间；对于时间实在太久的新闻，要么别发，如果新闻事实确实重要，那就老老实实写清楚真实的时间。

当然，要想根治这种现象，光说还不行，关键还得单位重视，从采编规范上做出明确的规定，将其纳入不规范行为，并进行适当处罚。试想：最后谁还能跟钱过不去吗？

精选留言

宜当下：

不要赖人民评论不友好，这医院的新媒体团队用这样的标题本想被大家捧上热搜，结果被大家骂上热搜。加强点媒体人的职业素养和医护人员的职业素养吧。

大明：

六院治病救人值得称赞，不管救的是谁。我们应该指责对哮喘病人不救治的行为，但是不能指责另一场合救洋人的善举，同时我们还应该严肃批评文风不扎实的记者和相关媒体编辑。时间、地点、人物或事，是新闻三要素，一般情况下不可以模糊。

《江苏省长，再赴南京"督战"》引热议，"赴"用错了吗？

本文首发于2021年7月30日
作者：陈莹　李磊

2021年7月底，一篇题为《江苏省长，再赴南京"督战"》的文章引发全网热议，一个"赴"字引发舆情。

江苏省省长"再赴南京""赴"字用错了吗？时政新闻报道如何避免歧义？

2021年7月30日，传媒茶话会对话中央广播电视总台云听副总编辑张显峰、人民政协报时政部副主任廉维亮、某中央重点新闻单位时政报道把关人。

"赴"字用错了吗？

2021年7月27日，某主流媒体微信公众号在发布《新华日报》新闻报道时，将原标题《吴政隆到南京市疫情防控指挥部对防控工作再部署再压紧再抓实：进一步集合全省力量资源全面提升管控措施坚决遏制疫情扩散蔓延尽快扑灭疫情》修改为《江苏省长，再赴南京"督战"》。

值得注意的是原文标题及文中并未出现"再赴南京督战"的表述。

这个标题很快引发网友热议。

"一个'赴'字，把江苏和南京的距离拉得好远。""我差点以为江苏省政府在苏州。""隔着一条街，'赴'字充满形式主义。"

此事一出，众多网友发出了评论。

我们先来探讨一下《江苏省长，再赴南京"督战"》一文中，"赴"到底有没有用错？

中央广播电视总台云听副总编辑张显峰认为，《江苏省长，再赴南京"督战"》单就一个"赴"字，从语义本身来讲，没有什么对错。它的基本意思就是"到"。但这里面有几个因素要考虑。

一是语言是有感情色彩的，同样是一个意思，"赴"和"到"相比，却多了一层带有肯定的意思在里头；

二是用户是有感情判断的，有的人读出的是"到"，有的人读出的却是"居高临下地到""带着官气地到"，这取决于阅读者的心理；

三是官方行事是有规矩的，省政府和市政府的地理距离实在太近了，一般人会认为那不是平平常常、随随便便就去了吗,用得着大张旗鼓吗?

但大家可能没理解,这背后更深层的是行政体制的运转逻辑,往下迈这一步,体现的是一种自上而下的重视。

某资深媒体人在朋友圈发表观点认为,"江苏省长'再赴南京'"用法无误,要表达的是江苏省政府与江苏地方市的隶属关系。

人民政协报时政部副主任廉维亮告诉传媒茶话会,《江苏省长,再赴南京"督战"》标题中"赴南京"的表述,无论是在文本层面还是政治语汇使用选择上,都是错误的。

"赴"字有"往、去"和"投入(某种境地),参加(某种行列)"两种意思。

按照"往、去"的字义分析,负责一省行政事务的省长,在省会城市开展工作,从事权管辖范围、设计行政区划和交通路径设计上,不能用"赴"字表述,应当用"到"字后加具体单位或地址(如南京市疾控中心、××街道)的表述,重在突出一线和机关的区别。

按照"投入(某种境地),参加(某种行列)"的意思看,作为全省行政主要领导下沉一级指导省会城市疫情防控工作,可以讲得通,但后面接"南京"显然不合适,"赴战疫一线"勉强说得通,但本身疫情防控就是其重要职责,为避免曲解,也不适合如此表述。

廉维亮认为,这类报道可以参考新华社报道来区分。

比如,2020年1月30日,新华社电文《孙春兰率领中央赴湖北指导组看望医务工作者考察社区防控工作》;2020年6

月1日，新华社电文《孙春兰在北京调研时强调统筹抓好疫情防控和复学复课让每个孩子健康快乐成长》。

两篇消息稿分别用了"赴"字和"在"字，道理即是如此。"首都北京"和"省会南京"是一样的表述概念。

涉时政新闻通稿注意这些问题

传媒茶话会注意到，也有其他主流媒体转发《新华日报》文章时修改了标题，改为《江苏省长在南京"督战"！》《江苏省长，再次"督战"南京》等。

在原标题很长、不便于新媒体端传播时，时政稿件标题怎么改？怎样做报道才不会引起歧义？

对此，专家给出了几点建议。

1.对标新华社通稿，改标题要慎重

某中央重点新闻单位时政报道把关人告诉传媒茶话会："做时政媒体的发稿要严谨，对标新华社通稿，如果涉及新媒体端传播限制标题字数而需要改标题的时候，也要在稿件里面写明原标题，并且修改的标题也要与原标题意义一致。"

廉维亮对此也表示认可，他强调新闻时政稿除特别重大和具有特殊意义的稿件外，媒体转载特别是新媒体平台转载时，可以根据媒体属性和对传播点的判断对标题进行合适的修改，但应当遵守严守政治正确、尊重新闻事实、符合传播规律、避免文字歧义等原则，注意不能变更消息的基本事实和逻辑表述，不断章取义、不突出"非重点"、不片面夸大、不渲染炒

作等。

2. 严谨措辞，避免歧义

时政新闻往往是关于党和政府的方针政策、领导活动、决策部署等内容的新闻报道，要求语言严谨、准确，保证信息的客观性和真实性，措辞稍有不慎就容易引发歧义。

廉维亮举了个时政新闻报道表述规范的例子。比如，政协工作汇报时区分"界"与"届"。

3. 注意行文情感色彩，提高用户意识

在《江苏省长，再赴南京"督战"》一文引发争议后，某高校新闻专业教授在朋友圈发表了自己的观点，她认为：江苏省长赴南京唯一的错，就是把一个存在几十年的时政类新闻用语出了圈，放在了不懂专业的网民面前。

对此，张显峰建议，从传播角度来说，时政报道要考虑语言的"感情空间"，尽量平实再平实。"绝大多数人关心的一定是事实本身，而不是被雕琢的态度。"

因此，媒体做时政报道在严谨、准确的基础上，可以将语言风格转化为用户听得懂的语言，提升受众的阅读体验感受，既体现时政新闻的价值、权威性，也能有效提升受众对时政新闻的关注度，达到良好的宣传效果。

精选留言

珠墨：

几年前遭遇同样的事，明明新华社刊登的文章毫无争议。某些互联

传媒实操小红书·
不可不知的采编小技巧

网小编免费转载时,擅自改标题,把那篇短短的消息改成了当天微博热搜——负面。

我只记得早上睁开眼就和舆情部门同事比对我的原文和转载的版本。好在白纸黑字,事实救了我。

但那次的影响对职场新人的我来说,真是一种锻炼。

那时候,我知道单位有法务部门,我可以请单位用法律手段讨公道。但当时的法律根本没好办法帮我申冤,帮我稿子里涉及的单位打回网友的谩骂与网暴。

最后,擅自改稿的单位领导出面,私下调解,带着千字"致歉信"给我,算是了结。

但我对涉事单位和采访对象的愧疚,到今天还在,总觉得是我自己没有"严丝合缝",才让那个小编钻了空子,改为挑逗大众情绪的标题,才惹出轩然大波。

看到这条"再赴",真是气不打一处来。

刘某州悲剧反思：新闻报道如何保护未成年人？

本文首发于2022年1月24日
作者：李磊　叶莉

2022年1月24日，河北寻亲男孩刘某州（未成年人）自杀身亡。

刘某州生前因为媒体的报道遭遇网络暴力，这也再次为媒体报道未成年人话题时，避免出现新闻伦理失范敲响了警钟。

新闻报道该如何保护未成年人？

传媒茶话会对话某财经媒体副总编辑，某央媒相关部门负责人，中央广播电视总台资深记者杜昌华，中国传媒大学新闻学院教授、博士生导师艾红红，中国政法大学新闻传播学院教授、博士生导师张森，卓纬律师事务所合伙人孙志峰。

主流媒体不应成为网暴的源头

"没有遵守新闻报道的平衡原则,在采访父母时,没有采访到刘某州本人,倾听其心声;对网络传播机制的研究不够,没有预判到报道在网络上传播,可能对刘某州本人造成的伤害,成了网络暴力的源头。"针对媒体对刘某州的相关报道,某高校新闻学院教授指出。

中央广播电视总台资深记者杜昌华也认为,一个少年离开了人世,媒体的报道可能是网暴的起点。相关媒体可能认为自己在正确报道新闻,但新闻还有伦理的要求,对未成年人等弱势群体完全应该枪口抬高一寸,不要穷追猛打。

中国政法大学新闻传播学院教授、博士生导师张森认为,从新闻伦理的角度分析,相关报道对未成年人缺乏应有的保护。在一定程度上对未成年人刘某州的名誉、隐私等权益构成了侵犯。

刻意追求时效性,忽视了人文关怀也会导致新闻伦理失范。

某央媒相关部门负责人认为,在网络技术空前发达的媒体传播形势下,媒体容易在"不经意间"陷入"抢时效""追流量"的误区,而忽视了本应具有的人文关怀,不仅造成未成年人隐私被泄露,还给其身心成长发展甚至生命健康安全都造成了极大危害。

某财经媒体副总编辑谈道,网络暴力现象在互联网平台时有发生,受害的不仅仅是未成年人,媒体应该承担起对抗网络暴力的责任,起到引领构建风清气正的互联网信息环境的作用。

涉及未成年人报道，媒体应注意这些问题

1. 遵循未成年人保护法相关规定

卓纬律师事务所合伙人孙志峰指出，对于涉及已满十四岁不满十八岁的未成年人新闻报道来说，应当遵循《中华人民共和国未成年人保护法》第四十九条的相关规定：

新闻媒体应当加强未成年人保护方面的宣传，对侵犯未成年人合法权益的行为进行舆论监督。新闻媒体采访报道涉及未成年人事件应当客观、审慎和适度，不得侵犯未成年人的名誉、隐私和其他合法权益。

具体而言：

一是应当格外注意新闻线索和报道的真实性，审慎审核线索真实性，在适度范围内开展调查；

二是报道和采访内容尽量全面客观，特别避免与未成年人隐私权、名誉权等人格权相冲突；

三是涉及未成年人的报道，不要使用真名及肖像，防止对未成年人的不当侵害。

2. 坚持客观、审慎、适度原则

张森认为，此次事件的教训是深刻的，新闻媒体在进行新闻报道，特别是涉及以未成年人为主体的报道时，应该在客观、审慎、适度三方面重视、重视、再重视。

所谓客观，就是要尽可能展现事件的全貌，新闻工作者要对事实有敬畏之心，不能轻信、偏信，要在尽可能多的信息源交叉印证的基础上"还原"真实。

所谓审慎，就是在加强新闻专业性的基础上，要对民意、舆论有所体察，对于可能引发舆论风波、网络暴力的报道要"慎之又慎"。

所谓适度，就是并不是所有的新闻报道都是越全面、越深入越好，过犹不及，这在未成年人报道中尤其重要。媒体在报道时要"恰到好处"，尤其不能对未成年人进行过度新闻消费。

3. 报道应避免伤害未成年人，要有利于其成长

杜昌华认为，从新闻伦理的角度而言，媒体首先要保证新闻事实的真实性。之后再问自己，如果涉及未成年人，报道是否会对其产生不良影响和后果？要考虑到前因后果。

"媒体也要以法律道德为指引，对未成年人报道要慎重，尤其要考虑互联网的负面效应，采取必要措施，尽量减少对当事人的伤害。"杜昌华讲道。

澎湃新闻编委李云芳曾撰文指出，涉未成年人的个案也会有公共价值，因此，对涉及未成年人的突发尤其是恶性事件，不能"一刀切"地划为报道的禁区。但应建立一套完善的报道规则。

其中就包含：涉及未成年人报道，媒体应避免涉事未成年人受到次生伤害，不能妨害涉事未成年人的成长。

李云芳指出，除非涉事未成年人及其监护人有意愿对外披露信息，否则媒体不应当面指责个人或者强迫其发声；媒体的报道要尽可能创造让其顺利成长、发展的舆论环境，即使是未成年罪犯也不能有碍于其顺利改造和未来回归社会。

4.提供更有公共性的思考和报道

艾红红谈道,"刘某州案例如此极端,最大的悲哀就是从出生到去世,该对他负责的却层层失职,该受到惩处的却逍遥法外,最后让这个少年承受了世间所有的恶意"。

她建议,近几年,越来越多的未成年人由于网络及相关舆情事件主动或被动地暴露于媒体面前,在介入相关报道时,媒体不仅应依据《未成年人保护法》保护其隐私和权利,还应高于这些底线原则,提供更有价值的思考和报道。

以刘某州为例,具体而言:

首先,媒体本可借助相关议题,进行针对性普法。

"媒体是否应把父母的遗弃责任、社会的救助责任等通过采访相关部门、专家等方式一一呈现,让受众从中了解更多法律常识,让犯罪分子受到震慑?"艾红红认为。

其次,媒体应该将该案件做深度报道,并将该话题往公共性上引导,比如,探讨如何建构更好的社会体系,如何为未成年人,尤其是受害未成年人提供包括生活、心理健康方面的帮助。

"媒体应该关注这样悲惨故事的背后,到底是什么造成的,应该关注这些孩子生活甚至情感的状况,对那些抛弃孩子的父母,媒体是否关注了其对行为的忏悔?"某财经媒体负责人也讲道。

著名媒体人胡锡进发文称,社会应该有必要反思,给刘某州提供一些他生父母没能给予的切实帮助,同时为他们的矛盾降温,促使他们相互理解,而不是帮助其中的一方指责另一方,甚至搞网暴,让这个不幸的男孩子和他境遇也很一般的生父母在感情上越离越远，变成对立，加剧刘某州的绝望感。

某央媒相关部门负责人也讲道，2021年6月1日起施行的新修订后的《中华人民共和国未成年人保护法》已为媒体提供涉及未成年人报道的指引，媒体要在加大相关领域新闻报道力度的同时，呼吁全社会加强对未成年人保护工作的重视。

5.不要使用定性、评价式的词语

某财经媒体负责人谈道，未成年人身心没有完全成熟，媒体在报道时，要设身处地地站在未成年人的视角，切忌贴标签、使用定性的词语，尤其是对"问题少年"，不要在文章中出现类似于"坏孩子"式的表述。

精选留言

杜昌华（杜具只眼）：

传统媒体放弃情怀的指引和公义的责任，会失去自己最大的优势。媒体融合更需要利用的是互联网的生产力，而不是放弃自己的价值判断。一些媒体面对互联网媒体的兴起，手足无措，迷失了方向。

景一：

记者手下的笔既能成为为民请命的工具，也能成为杀人于无形的利器。越是争夺注意力的时代，对于事实的敬畏，对于多方话语的尊重，越显得重要！

范范：

十五岁的少年，和这个世界唯一的羁绊就是父母，却承受了父母的冷漠，本来社会应该尽力让他感受到温暖，某些媒体却为了流量不顾他的声誉，成了压倒他的最后一根稻草，我们都需要反思。媒体报道要客观真实并且具有人文关怀，社会要对此类孩子关注并帮助，至于父母，不配当这么好的孩子的父母，愿他们能够有一丝丝触动吧。

郑州"毒王"致上万人感染？新闻报道别乱贴标签！

本文首发于2020年3月16日
作者：刘娟

2020年3月11日，河南省新增报告境外输入确诊病例1例。12日晚，部分新媒体出现一组数据称郭某某密切接触者达39373人，并因此给郭某某冠上"毒王"的称号。

紧接着，一篇篇"郑州'毒王'""祸害万人""一个人坑了一个省"的文章在网络平台流传开去。

"毒王"之名瞬间传遍九州，其人也近乎到了过街老鼠人人喊打的地步。

但事实并非如此。河南省郑州市疾病预防控制中心11日关于郭某某的正式通报显示，截至3月11日12时，经流调初步判定密切接触者24人。一些新媒体稿件中将原通报中全省累计追踪到的39373名密切接触者,通过消除分段、将句号改成逗号的方式,将全省的密切接触者变成了郭某某的密切接触者。

一句一逗之差,普通患者郭某某摇身一变被封"毒王",真是失之毫厘,谬以千里。

从原因上看,这是新媒体粗心大意、未核实、蹭热点而闹出的一个乌龙,没有太多探讨的价值。但是,我们想从新闻报道中的标签化来谈谈我们的看法。

在微博上,有网友说:"称一个人为毒王和称武汉为新冠肺炎有什么区别?"

我想,没有人会同意让武汉等同于新冠肺炎。

但是,在新闻报道中,这样的"标签化"却越来越频繁。比如"女司机""官二代""富二代""钉子户""最美女教师""最美战'疫'人""最美志愿者"。尽管这些标签中也有"美名",但更多的还是"污名",而这种"污名"正在让新闻中的当事人甚至当事人所代表的群体承受更多的压力、歧视与偏见。

2018年10月28日,重庆市万州区一辆公交车与一辆小轿车发生碰撞后坠入江中。一些媒体在事实未清的情况下,对此事报道中加入"女司机""逆行"等词语。

例如:《重庆一公交与逆行轿车相撞后坠江,女司机被控制,动画示意路线图》《重庆万州22路公交车坠江,疑因一女司机驾驶私家车导致》《大巴车坠江原因:女司机逆行》《重庆公交车坠江已致2死,事发前轿车女车主逆行》《轿车女司机被控制！重庆一公交车与逆行轿车相撞坠江，水上搜救正在进行中》。

媒体的报道，很快将这名女司机推向了舆论的旋涡，让其受尽网络暴力的捶打。事后证明，女司机所驾驶的小轿车是正常行驶，一些网络大V也纷纷致歉。

很多乱贴标签的新闻报道为了吸引流量，并没有遵守新闻专业主义精神，在一些新闻事件发生时听从单一信源，甚至是网络上传播的没有出处的信息就匆匆下笔。在重庆公交车坠江事件中，一些媒体就引用了万州区应急办工作人员这一单一信源，报道公交车坠江原因是"女司机"逆行，从而在网上对其实施网络暴力。

真实是新闻的生命，客观是新闻的准则。以事实为依据，不夸大、不歪曲，从多方获取新闻事实，减少给新闻当事人和其所代表的群体贴标签从而对其产生负面影响，理应是新闻人的职责所在。

还记得"非典第一毒黄某某"吗？

2002年12月10日，广东河源人黄某某因发烧住进当地医院，一周后病情加重，被转送至广州军区总医院抢救。

2003年1月10日，黄某某出院了，因为治疗中与他有密切接触的9名医护人员先后感染上了"非典"，因此，他被贴上了"毒王"的标签。

当年的黄某某是一名厨师，"非典"过后，黄某某回到之前工作的酒楼去上班，但是由于"毒王"这个标签，导致酒楼生意大幅下滑，黄某某不得不离开酒楼回到妻子娘家去做餐饮生意，但仍旧有很多人带着歧视的眼神看他，使他依旧待不下去。

10多年来，为了让人"淡忘"，黄某某离开广州，不得不隐姓埋名过日子。

黄某某的昨天，难道要成为郭某某的明天吗？

信息时代，信息不是稀缺品，人们的注意力才是。

毫无疑问，标签化的报道因其更能满足公众的期待而更容易赢得公众的关注，能给媒体带来更好的流量。但长此以往，个体的偶然事件或行为，在被媒体贴上标签后，就可能被社会广泛接受并用来指称某一群体或某种品质。从而不仅会对报道中的当事人带来负面影响，还将增强公众对某一群体的偏见认知。

比如，谈到"女司机"就立马联想到车技差，谈到"城管"就立马联系到粗暴、跋扈，谈到"大爷、大妈"就立马联想到坏人变老了、讹人。

我们建议，媒体要尝试培养去标签化思维，突破自己固有的刻板印象和思维模式的制约，用客观、辩证的态度进行报道，不传播偏见、不盲从，对每一个新闻当事人负责，对新闻当事人所代表的群体负责，对自己的新闻作品负责，更是对社会负责。

精选留言

阳：

"结论先行""有罪推定"的报道逻辑，和媒体人在采写和求证过程中浮躁的心态分不开，对新闻报道的效果有着过于功利的期待，往往使记者在面对一个有价值的选题的时候失去了客观认识问题和小心求证的耐心，而这些问题又和编辑审稿的不严谨和纵容不无关系。（最近在读的一本书上写的，搬运一下）

头条是"院士逝世",二条是"手舞足蹈"?新媒体该抓抓版面语言啦!

本文首发于2021年5月7日
作者:刘娟

2021年4月29日,某主流媒体的官方微信公众号推送了这样一组文章:

这样两篇情感和态度截然相反的文章竟然被组到一起推送。

拆开来看，两条稿件本身其实并没有问题，两篇文章反映的都是客观事实，但为何组合到一起却让用户在阅读时产生不好的联想？

这是因为页面语言表达模糊导致用户产生视觉歧义，因而将两个彼此违和的新闻联系到一起，解读出另一种意义。

随着媒体融合的深入推进，"两微一端"加"一抖一快"成为媒体的标配。曾经伴随报纸的版面语言问题也"转型"到了新媒体上。

新媒体页面语言不和谐，具体表现在三个方面。一是新闻内容之间的"不和谐"。比如本文开篇提到的案例。二是新闻内容与广告之间的"不和谐"。2018年两会期间，某新闻网站在重要时政新闻下发移民广告。这个版面很快被网友截图并在网络上传播，造成了很不好的影响。三是文章和配图之间的"不和谐"。曾经有网站在负面报道下放了领导人的照片，最后受到了网友的批评。

照理说，机构新媒体，尤其是主流新媒体具备很强的政治意识、策划意识和版面意识，为何还是容易出问题？

我们认为以下五个原因不容忽视。

首先，重视不够。长期以来，在媒体人的潜意识里，版面语言被认为是报纸特有的语言，因此，便在意识上就疏忽了。其实新媒体所呈现的页面就是版面。

其次，有限的人手和海量且动态变化的页面之间的矛盾。一方面，尽管大多数新媒体都有编辑和带班领导负责盯页面，但不少单位的版面编辑可能身兼数职。另一方面，新媒体没有发稿数量限制，稿件实时更新导致页面随时处在动态变化中，这给盯页面工作带来了挑战，稍不留神就可能造成页面"翻车"。

再次，算法推荐。目前，很多资讯类客户端已经实现了千人千面，算法会根据文章的标签以及用户的阅读习惯来推送相应的文章，但算法再怎么精妙，估计也细致不到页面语言，有可能会出现一些奇奇怪怪的新闻组合，这样就有很大概率出现"翻车"事故。

复次，从业人员年轻化，专业功底不扎实。很多媒体、新媒体岗位上的大多是90后，甚至00后，他们中的很多人政治意识、页面意识不强。

最后，内部审稿流程机制出了问题。这或许和新媒体端的审稿方式有关系。纸质媒体有看大样流程，而今，不排除部分新媒体只审单篇稿件的链接，而忽略了对上下一组稿件页面的审读。这样就造成了单篇稿件没问题，几篇稿件排在一起发布却出了问题。

人民日报原总编辑范敬宜认为："版面语言是办报人立场、观点、感情和审美眼光的自然流露。"版面语言是报纸文字语言的辅助性语言，它通过一定的编排规则和技术性处理，间接地传达编辑思想，表达媒体支持什么、赞成什么、反对什么、抵制什么。

也正因如此，版面语言或说新媒体的页面语言是把双刃剑，一个优秀的版面和页面是政治性、专业性和艺术性的综合体现。运用得好可以深化报道内容，增强传播效果；但倘若使用不当，轻则产生歧义，南辕北辙，引起用户不满，重则可能造成"政治性差错"。

那么，新媒体该如何看页面？人民日报海外版原副总编辑王谨提供了两点建议：

第一，看标题。看标题要点面结合来看，既要看具体稿件中的标题用词是否妥当，又要看页面中稿件与稿件间的标题用词是否彼此和谐，避免产生联想、歧义。

第二，遇到有重点时政文章要万分谨慎。别的文章千万别跟它们的文意"撞车"。

此外，我们也建议从人和技术两个方面来规避版面问题。

关于人，我们建议强化新媒体从业人员页面语言意识、开展专业培训。一方面，深入开展针对新媒体端页面定期阅评，包括自评、互评。另一方面，不妨请资深的老媒体人给年轻的新媒体人培训，老媒体人讲新媒体的页面可能不一定透彻，但是政治和新闻原则说明白了，就可以形成一种页面自觉。

关于技术，算法也应该有政治敏感度和价值观。相似的文章有正能量的，也有负能量的，你选择推送什么、置顶什么，如何在动态中保证页面语言的政治性、新闻性、思想性和艺术性，更能体现一家媒体的价值判断和报道思想。千人千面的客户端要注意通过有价值观的算法，来调整各种类型报道的比例，保证平衡。

精选留言

hhhhh：

传统媒体转型新媒体，大多有些矫枉过正，把握不好度，一味迎合用户（所谓用户思维），多少丢失了传统媒体的专业、担当、态度。

新媒体时代,"三审三校"需注意这些问题!

本文首发于2021年7月23日
作者:叶莉

随着媒体深度融合向纵深发展,新媒体端的新闻内容越来越丰富。丰富的同时,也需要加强审核才能避免"翻车"。

新媒体时代,新闻三审,审什么?怎么审?有哪些需要格外注意的地方?

传媒茶话会对话中国青年网副总编辑、青蜂侠负责人王海,现任新京报副社长、时任北京晚报副总编辑郭强,以及一位资深媒体人。

新闻三审是什么?

为确保新闻报道的真实、客观、准确,国家新闻出版署曾发布《关于严防虚假新闻报道的若干规定》，要求：新闻机构要严格规范新闻采编流程，建立健全稿件刊播的审核制度。严格实行新闻稿件审核的责任编辑制度和新闻稿件刊播的总编辑负责制度，明确采编刊播流程各环节的审稿职责，坚持"三审三校"。

新闻三审审什么？

"三审三校"过程中，政治导向的准确至关重要。具体有哪些导向需注意？媒体是怎么把握的？

（一）政治导向

要符合宪法及国家相关法律法规；符合党和国家的路线方针政策；不得危害国家安全，泄露国家秘密，颠覆国家政权，破坏国家统一，不得损害国家荣誉和利益；符合国家相关宗教政策；符合中华民族传统美德和社会主义核心价值观；并注意符合各级宣传部、网信办、新闻出版和广播电视行政管理部门的各项管理规定和各种新闻宣传纪律等。

（二）新闻事实

在"三审三校"流程中，新闻事实的把关虽然基础但同样重要。

关于这方面该如何把关？

1.消息来源：无论是自采的还是转发的新闻报道，都必须注明新闻消息来源，真实反映获取新闻的方式。除危害国家安全、保密等特殊原因外，新闻报道须标明采访记者和采访对象的姓名、职务和单位名称，不得使用权威人士、有关人士、消息人士等概念模糊新闻消息来源。

同时，不得直接使用未经核实的网络信息和手机信息，不得直接采用未经核实的社会自由来稿。对于通过电话、邮件、微博客、博客等传播渠道获得的信息，如有新闻价值，新闻机构在刊播前必须派出自己的编辑记者逐一核实无误后方可使用。

2. 新闻采访：新闻记者从事新闻采访报道必须坚持真实、准确、全面、客观、公正的原则，深入新闻现场调查研究，充分了解事实真相，全面听取新闻当事人各方意见，客观反映事件各相关方的事实与陈述，避免只采用新闻当事人中某一方的陈述或者单一的事实证据。

3. 新闻编发：不得发布虚假新闻，严禁依据道听途说编写新闻或者虚构新闻细节，不得凭借主观猜测改变或者杜撰新闻事实，不得故意歪曲事实真相，不得对新闻图片或者新闻视频的内容进行影响其真实性的修改。

4. 批评报道：开展批评性报道至少要有两个不同的新闻来源，并在认真核实后保存各方相关证据，确保新闻报道真实、客观、准确，新闻分析及评论文章要在事实准确的基础上做到公正评判、正确引导。

5. 数据使用：刊播涉及民意调查的报道，要使用权威规范的数据来源，谨慎使用网络调查、民间调查、市场随机访问等调查数据，报道中要说明调查的委托者、执行者、调查目的、调查总体、抽样方法、样本数量等，客观反映调查结果。

6.新闻转载：转载、转播新闻报道必须事先核实，确保新闻事实来源可靠、准确无误后方可转载、转播，并注明准确的首发媒体。不得转载、转播未经核实的新闻报道，严禁在转载、转播中断章取义，歪曲原新闻报道事实，擅自改变原新闻报道内容。

（三）语文差错

1.文字方面，要注意错字、别字、多字、漏字、繁体字、不规范汉字问题，也要注意事实性、知识性、逻辑性、语法性错误；

2.阿拉伯数字和汉字数字用法要符合《出版物上数字用法》国家标准；

3.时间用法上，《出版物上数字用法》规定"计时方式既可采用12小时制，也可采用24小时制，但需注意同一篇稿件内，时制使用不能混用，宜统一格式，同时，如果使用24小时制，就不宜在时间前加'下午''晚上'等时段语加以修饰"；

4.标点符号用法要符合《标点符号用法》（GB/T 15834–2011）；

5.汉语拼音要符合《汉语拼音方案》和《汉语拼音正词法基本规则》等国家规定和标准；

6.外文和国际音标要准确使用，不同文种字母不能混用（如把英文字母N错为俄文字母И），字母与其他符号也不能混用（如把英文字母O错为阿拉伯数字0）；

7.专有名词译法要符合相关规定；

8.涉港澳台的用语要符合相关规定；

9.使用网络用语、缩略语、口语要符合相关规定；

10.科技理论和科学普及类文章使用量和单位，其名称、符号、书写规则要符合《国际单位制及其应用》《有关量、单位和符号的一般原则》《空间和时间的量和单位》等相关标准，使用科技术语要符合全国科学技术名词审定委员会公布的规范词。

（四）新媒体端新闻产品的审核

此外，随着新媒体端新闻产品的丰富，需特别注意：

1.当Vlog海报、H5、小程序等新媒体端的产品，涉及党史、时政、军事、法律、航空等专业知识时，还需增设专业校对环节，避免出现专业错误。

例如，庆祝中国共产党成立100周年的元素使用中，党徽使用是否准确；全国两会报道中，网页专栏及相关图片上国徽、政协会徽使用是否准确，是否会出现变形的情况，国徽是否为旧版国徽（国徽可去中国政府网下载），政协会徽上的中国地图是否完整、颜色是否准确、白色地球上是否缺少经纬线（政协会徽可去政协官网下载）；报道相关案件时，所引用的法律条文是否为最新的法律等。

2.并且需要注意，Vlog、H5、小程序中露出的用户是否会使用恶意的用户名。

3.审核短视频，需注意所用素材是否为最新，避免因新闻反转使用过时的素材。

4.短视频画面中，需仔细审核所报道的人物和新闻事件在细节上是否对得上。

5.视频内容中要注意是否出现了不该出现的争议人物、落马官员。

6.新媒体页面排版上,如公众号、网页新闻需注重页面内容及次序是否会造成误读、歧义。

例如,前文院士去世的新闻下面紧挨着附上题为"手~舞~足~蹈~蹦~蹦~跳~跳~"的新闻内容,导致网友愤怒,觉得缺乏对逝者的尊重。同样地,2018年两会期间,某新闻网站在重要时政新闻下发移民广告,也造成了不好的影响。同时,需注意负面报道下不宜放相关领导人的照片或内容,极易引起误解。

新闻三审怎么审?

所有稿件、视频、新媒体产品都需严格执行"三审三校"制度。

第一级由值班编辑、采访记者、被采访对象审核,主要审核事实是否准确、新闻要素是否齐全、文字(人名、地名、时间、称谓等)是否有差错。(注意:有的媒体也在第一级审核过程中加入了智能软件的审核,过滤敏感词、敏感舆情等。)

第二级由值班主任、值班制片人审核,在新闻事实、语文差错关的基础上,主审导向关,并对新闻作品提出修改意见,不断完善新闻作品。

第三级由部门主任、值班编委审核,在总体确认资讯类、普通社会新闻等非敏感内容的政治导向关、新闻事实关、语文差错关、技术指标关等无误之后就可以签发。

当涉及重大主题报道、时政稿件、敏感领域（如宗教、军事、国际争端）、敏感议题、敏感舆情时，还需进行五审、六审，由部门领导、报社领导，甚至上级主管部门把关，斟酌导向是否正确、口径是否一致、部分表述是否准确、内容是否会引发重大舆情。

出错了怎么办？

不管是新媒体还是传统媒体，一旦出现差错，自然都会面临经济处罚和行政处罚。处罚的程度各媒体会依据差错的性质，比如一般差错、较大差错、重大差错、特大差错等情况作分级处罚。

一般差错：主要为语文差错，如内容中出现错别字、格式错误等，每出现一处主要扣罚稿件记者、当班责编和审稿主编；

较大差错：主要为语文差错、技术差错，如标题错别字、音视频图片和内容不符、格式差错或内容错漏，出现问题追责、罚款当班责编、审稿主编（制片人）、审稿值班主任；

重大差错：主要为新闻事实差错、语文差错，如错漏导致内容缺失或歧义，时政稿件出现标题差错、音视频差错，H5出现时政元素差错，当班责编、审稿主编（制片人）、审稿值班主任、部门领导都将担责并处以罚款；

特大差错：主要为政治导向差错，差错导致重大舆情，除了点名批评，责编、审稿值班主编（制片人）、审稿值班主任、部门领导罚款的同时还要接受相应的行政处罚，包括通报批评、降职、停职反省、调离岗位、开除和党纪政纪处分等。

精选留言

riverwalker：

三审是什么没说清楚。"三审"指的是出版单位在内容编辑环节应履行初审、复审和终审三道程序。可悲！多少人连这个基本概念都不知道。

传统媒体的新媒体莫学坏样，做标题别奔下三路！

本文首发于2018年8月2日

作者：刘娟

《姑娘拍写真遭遇恶心一幕：摄影师帮我调整内衣裤，然后竟……》《孕妻临产仍坚持上班 无业丈夫却频频出门做出这样的事……》《夫妻结婚一年没怀孕，心急岳父做了这件事，结果女婿差点"废了"》……很难想象，以上这些标题党竟然出于北京某晚报的微信公众号上。

前不久，《人民日报》三评标题党，希望新媒体号进行反思，可让人感到惋惜的是，一些传统主流媒体的新媒体号也做起了标题党。

少部分传统主流媒体的新媒体号为何自甘堕落成为标题党？什么样的标题才是符合新媒体传播的好标题？

2018年7月下旬，传媒茶话会对话一点资讯副总裁、总编辑吴晨光，中央人民广播电台资深记者杜昌华，中国教育报刊社全媒体中心移动内容部总监俞水。

主流新媒体自甘堕落为哪般？

浓眉大眼的主流新媒体，为何沦为"标题党"？

"原因很简单，就是唯阅读数和点击量至上。"中国教育报刊社全媒体中心移动内容部总监俞水告诉传媒茶话会，随着一些媒体对新媒体业务考核标准的改变，一些编辑、记者不得不为了提高文章的阅读数和点击量而成为标题党。

据了解，2017年8月底，国家新闻出版广电总局曾发通知，要求规范新媒体采编，抵制假新闻，严防扭曲事实、虚假夸大、无中生有、迎合低级趣味的各类"标题党"。但事与愿违，不仅自媒体的"标题党"之风没有得到遏止，一些传统主流媒体的新媒体账号也误入歧途。

传媒茶话会发现，社会新闻和民生新闻是"标题党"的重灾区，而对于以社会新闻和民生新闻为主要报道内容的都市报来说，要想获得好的广告投放，就必须有高的流量。为此，一些都市类媒体的新媒体号对着一些自媒体标题党照猫画虎，最终让自己成了标题党的熟练操作者。

"这种行为已经不合媒体标准了，要旗帜鲜明地挞伐，现在一些商业网站、自媒体号和部分传统主流媒体的新媒体的标题都没有信息，就像站街女招手，浪费我们的时间。"中央人民广播电台资深记者杜昌华告诉传媒茶话会,在互联网经济下,有些自称是媒体的媒体已经蜕变了,很难再说它们是常人理解的那种传统意义上的媒体,故此,它们的一些做法也就很难再说是媒体的行为。

杜昌华向传媒茶话会表示,新媒体环境下,传受关系发生了改变,传播方式应时而变,无可非议,允许人有不同的选择,高尚是高尚者的墓志铭,卑鄙是卑鄙者的通行证。但是,选择做媒体,就得谨慎对待媒体的价值和行为规范;选择做市场传播工具,那就不要冒充媒体。

做标题党不仅是自断生路,更是主流媒体的末路

《她叫了辆滴滴快车,上车后闷热无比,司机竟提出……》讲的是一位女士通过滴滴平台叫了快车,上车后车内十分闷热,她要求司机开空调,却被要求加收空调费的事;《6岁女孩全身1/3鲜血流光!这东西卧室很常见,赶紧扩散》讲的是一个小女孩被卧室衣柜上滑落的镜子划伤;《接了快递电话之后,支付宝里7万元消失!细思极恐……》讲的是一名女子接到假冒快递的诈骗电话,最后一步步被设计遭骗钱的事……

日前,中国青年报社会调查中心的一项问卷调查显示,47.6%的受访者直言经常遇到"标题党",81.8%的受访者直接反感"标题党"。"语不惊人死不休",一些新媒体夸张、猎奇、色情、低俗的标题正在给媒体自身带来伤害。

"新媒体的传播更多是一种社交传播,一篇文章甚至有

50%的阅读量来自微信朋友圈的转发。因此，从实操的角度来说，仅靠贩卖低俗、猎奇的标题党文字文章不会有很大的转发量，因此，往往特别有影响力的爆款文章，并不是靠的标题党。如果一篇文章只有标题吸引人，直接点击的阅读量会提高，但是整体传播并不会很惊艳，更别说，会对媒体的公信力产生负面影响。"俞水告诉传媒茶话会。

"标题党在短期内会提高文章的阅读量，但是长此以往，无异于杀鸡取卵，会把平台拉得很低，会对粉丝增长和平台自身影响力造成很大的负面影响。"俞水告诉传媒茶话会。

杜昌华也认为，传统主流媒体的新媒体走上标题党的道路不仅是自断生路，也将是主流媒体的末路。

不做"标题党"，只做好标题

"好标题有三重境界，真实、简洁、精彩。"一点资讯副总裁、总编辑吴晨光告诉传媒茶话会，表达文章核心内容、简短精练，再加上一些制作标题的技巧，不做标题党也能做好标题。

作为一名曾在中央电视台、《南方周末》和《中国新闻周刊》工作了十多年的资深媒体人，吴晨光向传媒茶话会介绍了他的新书《自媒体之道》中提到的标题制作技巧。

1.避免晦涩，尽量口语化

（原：极寒天气袭美　改：美国冻得不轻　气温低过火星）

2.善用谐音，巧妙表达

（原：北京小客车摇号中签率降至0.11%　883人抢一个指标　改：摇摇无期！京牌中签率再降883人抢1个指标）

3.利用对仗，增加诗意韵律感

（原：故宫雪景美呆了，游人如织！　改：风雪连天故宫素裹　游人如织不惧严寒）

4.学会蹭热度，套用热门网络用语

（原：2017国家科学技术奖揭晓　改：国家最高科技奖出炉　为老爷爷们打call）

5.微博文体的活用

（原：北京证监局责令贾跃亭回归履责　配合解决公司问题　改：@贾跃亭　北京证监局喊你年底回国）

6.创新语言风格，形成自己的style

（原：沙特国王萨特勒曼宣布废黜现王储　另立新王储　改：刚刚，沙特王储被废了）

作为一个日均一篇10万+的公众号的负责人，俞水认为，要取好标题，需要做到以下三点。

第一，必须找到用户，精准定位用户。

第二，必须找到用户需求，明白用户真正的痛点是什么。

第三，保留悬念，简单明了。

俞水曾告诉传媒茶话会，中国教育报官微的用户以家长和老师为主，为此，在公众号文章的选题的选取和标题选择上都有明确的用户意识，体现这些要素的标题比比皆是。

对于传统主流媒体的新媒体来说，不能像自媒体一样急功近利，甚至直奔下三路。夸张、色情、低俗的标题党已经完全违背了新闻专业主义，长此以往，势必将拉低传统主流媒体的格调和品牌影响力，从而彻底断了自己的生路。

精选留言

建华：

传统媒体永远是参天大树，新媒体只是其一部分侧枝。参天大树永远根深叶茂，对部分侧枝进行修剪很有必要。

王康霞：

传统媒体的核心优势在于内容，千万不可舍本逐末。传播碎片化时代，"有趣+有用"的内容最受欢迎，用户每天接触到的信息量很大，往往更关注对自己有用的东西，总结某个细分领域知识，发布对用户有帮助的内容，越有价值转发量就越高。

当然，好的标题，使用户眼前一亮，给用户点击的欲望，从而提高内容的阅读率，这是自媒体成功的关键一步。但对于为了博取受众眼球、题文不符的标题，必须严惩。

防汛救灾报道应避免哪些差错？编校实务手册来了！

本文首发于 2020 年 7 月 16 日
作者：张凤强　谢瑞

　　当前，不少地区汛情持续发展，防汛救灾形势较为严峻。新闻报道应该避免哪些文字差错？今天推出《防汛救灾新闻报道编校实务手册》，与媒体工作者分享。手册中的错例大多选自中央级报纸、地方各地报纸，还有一部分选自网络，本篇选取其中的 30 例。

　　例句 1：据湖北省水利厅数据显示，截至 6 日 8 时，三峡水库水位 148.87 米，入库流量 33000 立方米每秒，出库流量 35300 立方米每秒。

　　"据……数据显示"是杂糅类病句，经常出现在与数据相关的新闻报道中。例句中的"据湖北省水利厅数据显示"

可改为"据湖北省水利厅数据"或"湖北省水利厅数据显示"。另外,"据预测""据统计""据报道"等表述没有问题。

例句2:黄河中游、海河、第二松花江、辽河等可能发生区域性较大洪水,防汛形势严峻。

近些年,这个差错常出现在防汛救灾新闻报道中。1988年,吉林省地名委员会、吉林省水利厅联合发布《关于废止"第二松花江"名称 恢复"松花江"名称的通知》,恢复"松花江"名称,废止了"第二松花江"名称。

例句3:根据汛情态势,省防指已于7月3日12时启动全省防汛Ⅳ级响应。

"IV"应为"Ⅳ"。《〈出版物上数字用法〉解读》一书中,对此专门有说明。

需要注意,"×级响应"或"×级应急响应"中的"×"用汉字数字还是罗马数字,要根据不同层级、部门制定的应急预案来确定。

例:国家防总12日决定将防汛Ⅲ级应急响应提升至Ⅱ级。

这里根据的是《国家防汛抗旱应急预案》,写作罗马数字是规范的。

例:7月14日,农业农村部启动农业重大自然灾害二级应急响应。

这里根据的是《农业重大自然灾害突发事件应急预案》,写作汉字数字是规范的。

例句4:……加上应急队员、消防官兵和村民群众数百人,连夜加固险段。

如今的消防部门，属于应急管理部，消防人员也不能称为"官兵"，可改为"消防救援人员"。

例句5：未来两天，我市将迎来新一轮强降雨天气，大部地区大到暴雨，请做好防范。

"迎来"一词的感情色彩在此例句中不妥，可改为"出现"或"遭遇"。使用"迎来"应注意语境，比如，干旱地区将迎来大范围降水，部分地区的旱情有望得到缓解。

例句6：受强降雨影响，途径武广高铁、怀衡线的38趟列车临时停运。

"途径"应为"途经"。此类因拼音输入法选词致错的现象很多，媒体人应结合语境选词。

例句7：抗洪一线，又现血溶于水的军民渔水情。

"血溶于水"应为"血浓于水"，"渔水情"应为"鱼水情"。

例句8：能参加这次抗洪抢险是我的荣幸，我想对大家说，我虽然退伍了，但是一定做到退伍不退色，若有战，召必回！

"退伍不退色"应为"退伍不褪色"。

例句9：严格落实责任，扎实有效做好河道疏通、险情监测、安全防护等重点工作，确保全镇安全渡汛。

"渡汛"应为"度汛"。

例句10：6月上旬，广西省桂林市阳朔县普降暴雨，局部出现272毫米的特大暴雨……

"广西省"表述不妥。例句中的"广西省桂林市阳朔县"可改为"广西桂林阳朔县"。

例句11：连日来的持续强降雨，致使休宁县山洪爆发，河水猛涨，多个乡镇受灾严重。

"山洪爆发"应为"山洪暴发"。"泥石流暴发"中的"暴"也不写作"爆"。

例句12：沿湖堤顶每500米搭建一个账篷式防汛棚舍，全天轮流防汛巡查。

"账篷"应为"帐篷"。有的媒体也常错作"帐蓬"。

例句13：受特大暴雨影响，青原山景区发生不同程度山体滑坡、道路塌方、泥石流等灾害，部分通讯中断，基础设施损毁严重。

"通讯中断"应为"通信中断"。这个差错在抗洪抢险新闻报道中常出现。

例句14：他与战友密切协作，拉揽绳、转移群众……

"揽绳"应为"缆绳"。

例句15：在我省抗洪救灾的关键时刻，这种齐心协力、共度难关的暖心场景随处可见。

"共度难关"应为"共渡难关"。

例句16：水电站储水量到达零界点时，需进行泻洪处理。

"零界点"应为"临界点"，"泻洪"应为"泄洪"。

例句17：据报道，株州市遭遇局地特大暴雨，超历史极值。

"株州市"应为"株洲市"。地名要写规范，比如"番禺区"不写作"番禹区"，"神农架"不写作"神龙架"。

例句18：强降雨致该省愈5万人受灾，直接经济损失近10亿。

"愈"应为"逾"，"10亿"应为"10亿元"。

例句19：据了解，早在今年4月份，中国气象局就发布了《中小河流洪水和山洪致灾阀值雨量等级》等9项气象行业标准目录。

"阀值"应为"阈值"。中国气象局发布的文件中使用的是规范的"阈值"。

例句20：防汛形势严峻，我想为防汛出一分力。

"一分力"改为"一份力"更合适。

例句21：诺大的村庄瞬间被洪水包围。

"诺大"应为"偌大"。

例句22：一只应急抢险队正在帮村民转移财务。

"一只"应为"一支"，"财务"应为"财物"。

例句23：暴雨下了一天一夜，水位迅速窜升。

"窜升"应为"蹿升"。

例句24：我省汛期降水量占全年降水量的70—80%。

"70—80%"应为"70%—80%"。

例句25：200多条河流发生超警以上洪水，19条超历史记录。

"历史记录"应为"历史纪录"。

例句26：受连续降雨影响，全县多条交通要道出现踢方。

"踢方"应为"塌方"。

例句27：3名群众被困，民兵趟水救人。

"趟水"应为"蹚水"。

例句28：榜样在抗洪一线竖立。

"竖立"应为"树立"。

例句29:持续强降雨致汨罗江水位爆涨。

"汩罗江"应为"汨罗江","爆涨"应为"暴涨"。

例句30:今晚到明晚,新一轮的暴雨将袭卷全城。

"袭卷"应为"席卷"。

24条疫情报道建议,媒体人快收藏!

本文首发于2020年2月24日
作者:李磊

2020年2月,中国医师协会健康传播工作委员会制定发布了《抗击新冠肺炎健康传播指南》。新冠肺炎疫情仍在持续,媒体人应该关注哪些重点议题?避免哪些"雷"和"坑"?如何让自己的报道客观、权威?

带着这几个问题,传媒茶话会对话中国医师协会健康传播工作委员会常务委员、媒商实验室首席专家李颖。

八大重点议题

媒体不仅是"传声筒",更是"雷达",既发挥着告知信息的作用,也监测着社会重要新闻,设置议程,引起公众重视。

此次新冠肺炎疫情，媒体应该重点关注哪些议题？

中国医师协会健康传播工作委员会常务委员、媒商实验室首席专家李颖提出，媒体的疫情报道，要关注疫情相关核心信息、疫情防控措施、治疗方案、个人防护、抗击谣言、心理疏导、评估疫情所造成的影响、疫情走势研判八个方面的议题。

1. 疫情相关核心信息：①疫情发展情况，尤其是确诊、感染、密切接触者人数；②病毒传播机制研究，包括传染率、死亡率；③数据形成和传播机制；④疫苗研究进展。

2. 疫情防控措施：①本地疫情防控政策、措施，侧重医学角度，为何有助于防护；②疫情发展阶段性措施以及基本医学数据；③公共卫生视角下疫情防控措施；④与SARS、MERS等传染病的疾病以及防控层面的比较；⑤下一阶段疫情防控重点及趋势研判。

3. 治疗方案：①传播国家权威诊疗指南；②对网络传播的新诊疗方案及时验证；③用药安全及副作用提醒；④某个治疗方案的效果介绍。

李颖提醒，2020年2月中旬国家卫生健康委办公厅已经印发《新型冠状病毒肺炎诊疗方案（试行第六版）》，媒体人应该仔细查阅。如采访新的治疗方案，应予以说明，或对其他不同意见研究成果进行展示，以平衡信源。同时，对声称治疗方案"非常有效"的说法，应反复求证。要多采访有权威性和公信力的专家。

4. 个人防护：①衣食住行相关的防护措施；②居家隔离防护技巧；③居家健康知识；④个体及家庭的潜在风险。

5.抗击谣言：①容易引发恐慌的医学谣言，如致死率夸大等；②容易对个体产生伤害的医学谣言，如错误饮食；③容易对人际或社会经济产生严重影响的医学谣言，如传染率。

造谣张张嘴，辟谣跑断腿。李颖谈道，关于新冠肺炎，现在社会上存在三种谣言，媒体要特别注意防范和抗击。

第一种是带有明显恶意的谣言。比如，此前网络上传言病毒发生变异，还指出某地490例里有40%是全新变异的病毒。这种利用"变异"引发人们恐慌的谣言，媒体在遇到时，一定要迅速采取行动，向本地或国家权威部门、权威专家进行求证。尤其要克制、谨慎，不能一激动就把谣言发出去了。

第二种是装扮过的传言，误导性信息。比如，这次疫情期间"双黄连治疗新冠肺炎"一事，当晚就引发公众抢购。这类信息以权威机构名义发出，带有很强的引导性。但在疫情期间，媒体需要对信息进行谨慎核实，对于对疫情防控有重大影响的信息，尤其要经过多重信源核实。

第三种是似是而非的信息。比如，早期打着钟南山院士的名义，建议全国人民在家隔离两周，还有补充维生素C、吃9个鸡蛋就能预防新冠肺炎的信息。这类"谣言"制作简单，放之四海而皆准，对疫情防控不一定会造成很大的负面伤害。媒体在进行澄清的时候，就需要把握报道尺度。比如，维生素预防这一点，一方面告诉公众，信息不实；另一方面，维生素的确可以提高抵抗力，应适量摄入。

6.心理疏导：①加强疫情期间心理疏导知识和方法的传播；②区分不同环境下，如居家、办公场所、医疗机构中的心理疏导措施；③对重点人群进行心理疏导，如已感染者、健康群体中的老年人、已有心理问题的人群等；④突出心理求助渠道的广泛铺开。

7.评估疫情所造成的影响：①关注疫情对人类群体造成的影响，比如社会情绪；②关注疫情对个体造成的影响，比如死亡；③数据统计，敬畏生命，避免冷冰冰地公布；④聚焦个体故事，避免直白的、感官刺激类的词语对逝者家属造成二次伤害。

8.疫情走势研判：①疫情拐点的预测与评估；②疫情峰值过后的注意事项；③疫情逐步缓解期间的注意事项；④疾病可能带来的后遗症。

李颖特别提醒媒体，后续经济等议题所占比重开始逐步加大。媒体开始转向对疫情的趋势研判、拐点预测上。媒体报道的重点，除了与疫情密切相关的健康类、政策类话题，应该开始增加疫情影响等评估类、趋势研判等研判类报道。同时，与疫情相关的报道，开始进入复盘、深入分析、反思、总结阶段。

八大注意事项

媒体有时因为缺乏法律常识、对传播尺度拿捏不准，会产生侵权、报道失实等问题。面对疫情，媒体的报道应该如何防范和避免上述问题？

李颖提出了八大注意事项：隐私权、口径统一、避免歧视和污名化、过度拔高、尊重采访对象、求证不足、避免"低级红"、极端个案。

新冠肺炎疫情初期,媒体爆出"超七千武汉返乡者信息,包括身份证号码、住址等隐私信息遭泄露,被短信骚扰谩骂",该信息泄露的源头和地方登记返乡人员的途径直接相关。

李颖认为,特殊时期,媒体要注意保护公民的隐私,尤其是传染病人或疑似病症的隐私权、肖像权;也要避免随意拍摄、泄露患者信息。进行典型人物宣传时,应在有限条件下,获得当事人同意。

"做到口径统一,也是媒体特别注意的一个问题。"在李颖看来,媒体进行疫情报道时,则尤其需要注重这一点。冲突的信息,会在舆论场上制造混乱局面。

她举了两个例子:

湖北召开新闻发布会。省长表示物资紧张,市长表示物资充足,这类信息,在公众层面就会引发疑问。到底是充足还是紧张?第二天,湖北方面也对此进行了解释。但媒体在报道的时候,首先就要关注到这类冲突信息,不能原文照搬。在进行报道时,就要甄别;发现信息冲突时,就要及时求证。

2月12日,湖北新增新冠肺炎病例14840例(含临床诊断病例13332例)。湖北新增病例数暴增?临床诊断病例又是什么?这种数据突然的变化,在疫情期间会引发大范围关注。对于这种变化,媒体进行报道时,要敏锐地识别、发现,同时要及时进行解读。

李颖建议,媒体应避免在宣传中放大尺度,引发对"疫区"人民的歧视和污名化。

歧视和污名化问题之前也发生过,比如对女性的污名化,对地域的歧视。此次疫情,春节期间,各地都在排查武汉返乡人口;网络上也有很多人斥责当初华南海鲜市场的野物贩卖,斥责南方人什么都吃,把病毒吃向全国。

宣传中的过度拔高,也是媒体应该避免的一个问题。李颖谈道,过度拔高,是我们从疫情伊始就在提醒的一件事。比如,报道医务人员徒步几十里地赶回岗位,怀孕9个月的医护人员上一线,流产后10天就上一线,亲人过世也忍痛继续工作,等等。

这类"过度拔高"的报道,容易用极端的个体道德水准来抹杀其中共同的人性部分,会大幅度升高公众期待,同时给予其余一样勇敢抗疫的医护人员很大的心理和社会压力。

李颖希望,健康传播报道中,鼓励媒体呈现的是医护人员的专业形象和职业精神,保持在基本的人性关怀和理解层面。

求证不足,会导致新闻不客观甚至新闻失实的问题。李颖给"求证不足"问题支出的妙招是——发挥多重"把关人"的作用。疫情报道,尤其是涉及疫情防治的核心报道,具有很高的科学、专业门槛,媒体要多方求证,多重"把关人"角色不能缺失。

宣传中的"低级红"问题,也是媒体需要特别注意的一个问题,比如,"双胞胎孩子出生不到20天,她却主动申请投入抗疫一线"的报道,本意是赞美医务人员的奉献,但是不到20天的孩子开口说话了,后来回应说编辑将两个事迹搞混了。

对于这个问题，李颖认为，典型宣传媒体要注重细节，确保事实无误，标题也要避免过度渲染。

如果疫情期间出现极端案例，李颖建议，媒体要多方信源求证，及时核实、澄清，帮助受众理解医学科学的特殊性。譬如之前，河南信阳出现两例超常规病例，返回后30多天才被确诊，被网友误以为"34天潜伏期"。后来官方回应只是"系确诊时间较长"，而非疫情感染潜伏期有30多天。

八大传播方法及技巧

疫情报道，选题方向有了，知道了哪些错误不能犯，要写出一份合格乃至优秀的健康传播作品，这还不够。笔下见真章，拼的不仅是硬实力，还得讲方法和技巧。

李颖认为，疫情报道，媒体应该注重八大传播方法和技巧的运用：

1. 多重信源，反复求证；
2. 换位思考，多讲故事；
3. 把握尺度，有限紧张；
4. 争取多方共赢；
5. 科普知识场景化；
6. 精准传播知识"找"人；
7. 建立权威专家库；
8. 构建丰富的信息网络。

疫情属于重大新闻，权威信源、多重求证是真实和质量的保证。

"一份健康的传播作品，应尤其注重信源权威。"李颖认为，媒体要密切关注与疫情相关的官方信息渠道，梳理清单。目前可靠平台包括卫生健康委官方平台、"健康传播"、中国疾控中心、腾讯新闻较真平台等。如作品中含有新的重大进展，应注意多重信源，谨慎求证，尤其要筛选专家、选择可靠的专家信源。

如何讲好疫情故事，既让信息权威可信，又让读者爱看，愿意传播，这也是困扰媒体的问题。李颖给出三点建议。

三点建议

1.注意"真空"。海量信息中，媒体更要强调对信息的筛选。要报道那些大家想了解的信息，也要报道那些大家还不知道的重要信息。比如，有媒体报道武汉本地未能及时就医的感染者的故事，非常有冲击力。后来很多人在网上求助，央媒也开放救援通道，实际上是媒体社会责任的另一种履行。

2.细节很重要。媒商实验室选择了多篇人物典型报道分析后发现，印象深刻的，往往并不是一些标签化的、拔高的人物宣传，反而是一些细节更让人动容。一些日常的、人性化的细节，在故事中会非常突出。比如，一个90后小护士，面对镜头时说"不想哭，哭花护目镜就没法做事了"。这种细节非常真实。

3.接近，再接近。这一次疫情报道中，来自乡村大喇叭的报道非常受欢迎。原生态的画面呈现，配上乡土味十足的防控宣传，再有一些直白、耿直的横幅标语，这些都组成了非常丰富的报道视角。

李颖还提醒媒体，要转变报道视角，改变叙事框架，不能单方面夸大医学成就或医学力量，应注意发挥患者以及普通公众的主观能动性，从"我拯救你"的单方叙事框架转变为"我需要你一起，共同应对疫情"，实现多方共赢。

谈及对本次媒体的疫情科普报道，李颖表示，媒体要学会对海量科普知识进行综合管理，以受众生活、工作场景为核心，对科普知识进行内容整合、形式创新。

李颖呼吁，与"非典"时期不同，如今信息生产已经发生了巨大的变化，供给端严重过剩。重复科普过多，导致受众陷入选择困难，也容易产生各种偏差，共识难以达成。所以，媒体机构需要转变思路，要主动去找新的视角、素材，挖掘受众信息需求，而不是只管生产、不管分发、不管到达、不管效果。

"鼠疫"引恐慌，如何报道好突发公共卫生事件？

本文首发于2019年11月16日
作者：刘娟　宋婧

自2019年11月12日晚，"北京确认接诊鼠疫病例"至16日已有4天时间。不少媒体对该事件进行了客观、公正、准确的报道，但也存在报道同质化、权威声音缺失、科普力度不足等问题。鼠疫属于突发公共卫生事件，因与公众身体健康直接相关，使得其关注度大为提高。报道不及时、不准确极易引发社会恐慌情绪。

怎样报道可以减少社会恐慌？

传媒茶话会对话健康报总编辑周冰，健康时报总编辑孟宪励，生命时报副社长丁文君。

走到现场，快速出击

在突发公共卫生事件出现时，在信息不及时、不透明、不公开的情况下，公众与官方存在严重的信息不对称，恐慌的公众只能自己去寻找信息，因此，往往可能滋生大量谣言。

以"北京确诊两例鼠疫病例"为例，在这起事件中，"好多医院发生新的病例""医生群里说自己医院确诊鼠疫""一名鼠疫患者已经死亡""朝阳医院因为鼠疫封院"等谣言、传言裹挟着不明真相的公众，一定程度上增加了公众的恐慌情绪。

孟宪励告诉传媒茶话会："碰到突发公共卫生事件时，是不是所有的媒体都要等到官方最终的通报时再进行？这是一个值得管理部门与媒体认真思考的问题。疑似病例从出现到最终公告，往往有一个层层申报、审批、会诊、研究、确诊的漫长过程，这个过程可能是一天，也可能一星期，甚至几周或者更长。而在等待这个结果出来的漫长过程中，有时谣言已经满天飞了。"

"当一些事关公众健康关切的重大公共卫生事件出现时，建议相关卫生防疫决策部门，从疑似病例一开始就要与媒体保持开放式、动态式、阶段式的互动，而不必非要等待一个最终结果出现时再披露。阶段性地通报事件进展结果，能更大限度释放公众因恐慌增加而导致的谣言传播能量，能尽快地压缩谣言传播空间，迟滞谣言传播速度，有助于安抚公众猜测、不安、恐慌的情绪。"孟宪励说。

2019年11月12日近21时,朝阳医院鼠疫病例传言在网上出现,并在网上与朋友圈快速扩散,"健康时报应急新闻采访小组第一时间就赶到朝阳医院,调查了解情况,也是传言发生后最早来到医院现场的媒体记者。调查表明,朝阳医院急诊并非如传言所说的已经停诊或封闭,急诊都在正常地接诊,诊疗未因鼠疫病例受到明显的影响。"孟宪励如是说。

当晚22时16分,健康时报网、健康时报客户端就发出了《北京朝阳医院接诊鼠疫病例,急诊封闭?最新探访:医院急诊已正常接诊》调查报道,健康时报也是所有媒体中关于朝阳医院鼠疫病例中最早发出现场调查的媒体。23时23分健康时报微信公众号、微博发出《北京确认接诊鼠疫病例!鼠疫,离我们很远,也很近》,澄清事实,并详细介绍了鼠疫的流行历史概况、鼠疫的传播、主要表现、预防性治疗,阅读量10万+。

11月15日,网络上又开始流传宣武医院及儿童医院发生鼠疫疑似病例。健康时报第一时间赴现场探访,发现医院正常接诊,随即客观公正报道医院调查见闻。北京卫健委稍后于23时57分发布公告排除疫情。

孟宪励告诉传媒茶话会:"健康时报在这两次鼠疫传言高峰时,没有被动地等候官方通报,而是主动出击,以客观、理性、严谨的态度发出现场报道,实际上起到了一个消弭传言、稳定公众情绪、淡化恐慌的积极正面的效果。相关医疗机构都也在朋友圈转发,积极传播这些文章。"

"快速出击,及时发布信息,回应公众关切,就能戳破谣言，减少恐慌。"丁文君表示。

11月12日23时01分，在官方没有权威信息出口时，《生命时报》从中国疾病预防控制中心的官网上找到关于介绍和预防鼠疫的官方权威信息，并在官方微博上发出《鼠疫到底是什么病？普通病人怎么预防》一文，满足公众的知情权。

发布权威信息，掌控局势

周冰告诉传媒茶话会："谣言止于两个因素，一方面是一定的信息透明，目前我们做得很好；另一方面是媒体的及时跟进，报道权威声音以及做好科普宣传，让大家以理性的态度看待疾病以及疫情。"

11月13日，《健康报》微信公众号发布《中国疾控中心：此次北京不会暴发鼠疫大规模流行》一文，中国疾控中心副主任冯子健接受专访。冯子健解读了疫情情况、介绍当前工作并科普鼠疫历史，以专业的视角为公众答疑解惑，阅读量突破10万+。

同时，《健康报》也援引了中国疾控中心的科普性内容，形成科普性文章——《关于鼠疫，这篇文章解答你的疑惑》，为大众普及鼠疫的基本特点、传播途径和公众如何做好个人防护等大家关注的知识点。

11月14日，《健康报》评论版也针对疫情刊发了相关评论，让权威解读化解谣言，用科普知识服务大众。

11月19日出版的《生命时报》用整版从"患者及密切接

触者已妥善安排并排查""五个问题全面了解鼠疫""避开传染源，提高防范意识"三个方面全面梳理了事件的来龙去脉，并在文章标题下特意标明接受采访专家的身份信息。

"'权威'级别越高，说服力越强。"丁文君认为，能减小和消除公众恐慌情绪的只有政府发布的权威信息和专家的权威解读。因此，在采访这种公共卫生事件时，一定要找到最权威的专家，他一定要在这个方面很有地位，他说出来的话才能最让人信服，这是非常重要的一点。

在《鼠疫流行可能性不大——患者已得到妥善救治，密切接触者在隔离排查》一文中，生命时报记者采访了和老鼠已经打了64年交道的、中国鼠类防治学科奠基人、中华预防医学会媒介生物学及控制分会名誉主任委员汪诚信，首都医科大学附属北京佑安医院感染科二科副主任汪雯。

回应公众关切，安抚公众情绪

11月14日晚，北京市卫健委通报两名患者不符合鼠疫诊断标准，排除鼠疫，解除隔离观察。尽管如此，公众的疑惑还是尚未完全解除。下一步，媒体应该重点关注哪些问题？

1. 病源是什么？是否具有传染性？

丁文君认为，尽管目前两名患者被排除鼠疫，解除隔离观察。但病源是什么，是否为新病体，是通过何种途径传染的，是否具有传染性等问题仍然没有答案，这些信息仍是公众目前迫切需要了解的。

2. 疫病还会在当地发生吗？对疫区群众有何影响？

"当地是否还会有发病的可能性，当地民众需要如何防御，这些情况也是日后可以报道的角度。"丁文君表示，疫区最近是否存在老鼠为患的情况，为什么近期在内蒙古会频频发现鼠疫，都是日后报道的角度。

3. 追溯与患者接触或可能接触过的群体的后续处理方式

从内蒙古锡林郭勒盟苏尼特左旗到北京的医院，患者密切接触了哪些人？哪些人曾和患者处于同一诊室？他们之后又和什么人有过密切接触？丁文君认为，对这一部分人的追溯和情况处理也是公众非常关心的话题。

4. 权威科普解答

对待可能与患者有过接触的人，首先如何判断自己有没有被传染？若疑似被传染，应该去哪个医院就诊？通过什么检查可以排除被传染嫌疑？是否需要隔离观察、服药？公众如何做好个人防护？

"'科普'到底是为了什么？不是让每个人变成专家，而是让每个人变成明白人，能够更理性地去认知，有更强的辨别与判断能力。媒体要起到科普的功能，让我们的受众都变成明白人。"周冰告诉传媒茶话会。

5. 动员大众，加强自我防范

《健康时报》早在2011年8月就刊发过一篇文章，《鼠疫如发生 4小时到京》，原卫生部副部长、原中华预防医学会会长王陇德警示要加强鼠疫的防控，他特别讲道："两个搞鼠疫研究的教授扮作鼠疫病人，从河北张北到北京，进了8个医疗机构。他们当时描述的疾病症状非常清楚，但是这8个医疗机构没有一个能够诊断出来并留治他们。"《健康时报》于12月14日以"旧文重读"的样式，再次刊发了这篇文章的摘要。

"北京这次鼠疫病例的媒体报道，整体上看理性、客观、科学。卫生防疫部门其实应该更加积极地与媒体保持互动，充分地利用媒体，使之转化成促进工作的一个部分，并起到正面、积极的效果，比如对公众疫情知识的普及，检视我们的防疫机构、防疫措施中的漏洞，以及疫情发生时新闻管理政策向更加完善的方向发展等。"孟宪励如是说。

精选留言

夏听雨荷：

窃以为，对突发传染病事件，政府防疫部门的工作要做在媒体之前，一定要及时发布疫情及防疫措施，劝告公众不必惊慌，新闻媒体及时跟进准确报道。

鸳鸯锅？水上阁楼？庐山瀑布？媒体莫把灾难当景观！

本文首发于 2020 年 7 月 13 日
作者：刘娟

2020年7月12日，国家防总将防汛Ⅲ级应急响应提升至Ⅱ级。2020年6月以来，全国共有433条河流发生超警以上洪水，其中109条河流发生超保洪水，33条河流发生超历史洪水。目前，有27省（区、市）3789万人次受灾，141人死亡失踪，倒塌房屋2.8万间。经济损失大，防汛形势严峻。

极端气候，每天都在改变着我们的生存环境。当这种变化威胁到人的生命财产安全的时候，我们称之为灾难。面对灾难，媒体的首要责任是传递防灾、避灾、救灾的信息。近一段时间，很多媒体都围绕抢险救灾做了大量的报道，将灾情及时传递给公众。但我们也发现个别媒体在报道洪涝灾害时存在娱乐灾难、消费灾难的情况。

例如，2020年7月12日19时，长江汉口站水位达到28.75米，距1998年最高水位29.43米仅差0.68米。

在这种严峻形势之下，有媒体却拍起了风光篇——航拍观音阁，配上抒情优美的背景音乐，取名《水上阁楼》。要知道，观音阁处于长江湖北鄂州段，长江进入汛期后，上涨的江水将观音阁下的礁石淹没。

这样的场景，媒体没想到防汛形势的严峻，没想到长江流域洪水肆虐下民众的艰难，反而认为这是一种"奇观"。

再如，微博话题"原来庐山瀑布是这么望的"。众所周知，庐山瀑布位于江西省九江市。7月12日9时，长江九江站水位达到22.76米，距离1998年最高水位23.03米仅差0.27米。为了抗洪，当地政府曾呼吁江洲在外的父老乡亲们速回江洲抗洪，防汛形势严峻程度可见一斑。

就是在这样的形势下，有媒体在微博上发文"受降雨影响，庐山瀑布现'飞流直下三千尺'景观"，"李白诚不欺我"。

有媒体甚至还在微博上就此和网友互动——"近日，受降雨影响，庐山瀑布再现'飞流直下三千尺，疑是银河落九天'景观。你最喜欢的景色是什么？"

这种忽视公众感受的互动，引起一名网友怒评："江西人民水深火热，媒体发微欣赏天下奇观，人类的悲欢相通就是笑话。"

6月23日，贵州一个农贸市场商铺被淹，洪水穿过街道，从堤坝涌入乌江，有媒体报道"贵州暴雨街道下出现瀑布景观"。

7月10日，浏阳河降暴雨出现山洪，湖南长沙一名摄影师航拍湘江时，拍到了浏阳河、湘江泾渭分明的场景。微博上的热搜话题却是"湘江浏阳河变鸳鸯锅"，湖南本地的媒体甚至认为这是种"独特景观"。

网友评论，"看到标题很无语，看着评论也很无语，人家受灾了还在'欣赏'"，"受灾啊这是！标题在干嘛！"

南方汛情如此严峻，受洪水影响的3000多万人有的甚至还在流离失所，抗洪一线的官兵还在奋力抗洪，本应积极引导公众关注南方汛情，营造"一方有难，八方支援"的氛围时，个别主流媒体和自媒体却把灾难当景观，用娱乐、猎奇的心态欣赏、消费灾难，这种与人民共情能力的消失是一种悲哀。

习近平总书记要求新闻工作者要"以人民为中心，心系人民、讴歌人民"。要做到这三点，基本的前提就是要拥有"幼吾幼以及人之幼，老吾老以及人之老"这种始终与人民群众共情的能力。

每一次灾难报道对媒体来说都是一场关于政治素养、专业能力的考试。我们需要明确：灾难报道是为了有助于抢险救灾，而不是为了"看热闹"或者"凑热闹"。

4月10日，自然资源部印发《关于做好2020年地质灾害防治工作的通知》。据预测，2020年地灾总体趋势较2019年有所加重。6月30日，水利部水旱灾害防御司副司长王章立表示，7、8月份是我国防汛关键期，江河洪水呈现多发频发趋势，需要引起高度关注。

因此，下一阶段可能会有更多的灾情报道，为了让报道对抢险救灾有力，首先就需要媒体俯下身、沉下心，察实情、说实话、动真情，以科学的、专业的视角及时报道灾情险情，讲好广大干部群众全力科学抢险救灾的故事，努力推出有思想、有温度、有品质的作品。同时，我们建议媒体应加大对灾害成因的反思，把各地防灾减灾经验总结好、传播好，为政府部门制定抢险救灾的决策提供依据。

精选留言

新绿之王兮：

不敢轻易点评了，好不容易写了段话，让大编们为难了。这些年来，娱乐灾难，还误以为是创新，语不惊人死不休的劲头，过去叫同理心，现在叫共情心。很简单呀，换位思考一下就知道该怎么写了。可怕的是还以为是创新……

唐山打人事件是女性的噩梦，报道缺乏正确价值观是公众的噩梦

本文首发于 2022 年 6 月 11 日
作者：李磊　陈莹　叶莉　薛丹阳

2022 年 6 月 10 日，唐山发生烧烤店打人事件。截至发稿，9 名涉嫌寻衅滋事、暴力殴打他人者已被抓获。

"搭讪""交谈""尝试摸后背被拒""冲突""肢体对抗"……关于该事件的报道，一些媒体在警情通报和续报前后（特别注意"后"字）描述事发经过时，使用看似中性的词语，引发了广泛质疑。

媒体这样表述是否妥当？

6 月 11 日，传媒茶话会对话中国妇女报社长、总编辑孙钱斌，经济观察报副总编辑郭宏超，华东政法大学传播学院院长范玉吉，中国政法大学传播法研究中心副主任朱巍，北京师范

大学刑事法律科学研究院教授彭新林，浙大城市学院传媒与人文学院新闻系主任、高级记者李晓鹏，某央媒内容负责人。

看似中性措辞引争议

"网传监控视频显示，一名男子靠近几名女子的餐桌后与对方交谈……"

"疑因男子酒后与女子搭讪。"

"一名绿衣男子搭讪一桌正在吃饭的白衣女子。"

"双方开始推搡，并产生肢体冲突。"

…………

在唐山当地警方通报案件之前，关于此事经过的报道，部分媒体给出了这样的表述。

"搭讪""冲突"是很多媒体用到的关键词。

这样的表述在网上引发网友的不满与质疑：

"什么叫尝试摸后背被拒？这叫骚扰！什么叫双方冲突？这叫暴力殴打……"

"男的跑去摸女的的背和手，被推开，这是'交谈'？"

"对抗？这写得像几名壮汉被调戏了似的。"

传媒茶话会梳理后发现，在第一次警情通报前，至少有4家权威主流媒体在描述事件起因时，用到了"冲突""搭讪"这样的中性词。

这样的措辞是否恰当？

朱巍认为，使用"冲突""对抗"这类词语并不妥当，特别是在大部分公众已经看过视频的情况下,这样不仅会误导没看过视频的公众认为双方都有问题,还会刺激了解事件的公众的情绪,显得媒体没有温度感和正义感,为了表面的客观而有失公正。

"媒体出于客观、中立、审慎的报道原则,在事情真相和事件的前因后果未明之前,为避免先入为主的立场和情绪,使用中性化的描述词语,这是符合传媒职业规范的。从司法角度而言,是否构成骚扰必须要有要件支持。"彭新林指出,构成骚扰必须满足三个条件:一是行为人抱持主观故意的心态;二是违背他人意愿;三是对他人生活安宁等方面的人身权利构成侵害。但这样的判定需要完整的逻辑链、证据链,媒体难以给出准确判断。

虽情有可原,但媒体也并不是没有瑕疵。

孙钱斌认为,就唐山烧烤店打人事件而言,这些中性词语存在很大问题,不仅仅是"不当",既不客观也失去了应有的是非判断和价值立场。视频提供的客观信息已经可以让我们做出比较清晰的判断,这是性骚扰不是"搭讪",是恃强凌弱不是"冲突"。如无其他外在因素,所谓的"中性"就是完全跳进了"客观主义"的话语陷阱里。

李晓鹏认为,保持客观中立的立场并无问题,正相反,媒体在报道的时候要尽可能做到客观中立。但是将一个证据确凿、事实清楚的恶性伤人案件,为了刻意体现出所谓的中立客观,而忽视了基本事实,甚至放弃了同情心和同理心,就不太妥当了,引发争议也在所难免。

"打人者明显是对正在吃饭的姑娘进行骚扰，有揩油猥亵的动作，并引发了女孩的强烈不满和反弹，最终导致暴力伤人事件。对于这些动作的描述，再怎么客观中立，都不应该把骚扰替换成'交谈'，把猥亵替换成'抚摸'这样的带有中性乃至积极暗示的词语，这就是与事实不符。"李晓鹏补充说道。

传媒茶话会梳理后发现，在唐山市公安局路北分局发布警情通报、警情续报，称该事件为"涉嫌寻衅滋事、暴力殴打他人案件"，且经初查，案发时犯罪嫌疑人陈某志正在对四名用餐女子中的一人进行"骚扰"之后，仍有20家以上媒体在对该事件的报道中用了"冲突""搭讪"等词语。

"从警情通报的措辞变化可以发现，打人事件已经从治安案件上升为刑事案件，法治新闻的报道中媒体措辞要客观，准确使用法言法语，不需要'中立''文雅'，对于警方正在侦办的案件的报道，媒体要'报事实，不报原因'。不对案件做主观分析，不做'有罪推定'。对于案件的报道要找到权威信源——警方。尤其是当治安案件上升为刑事案件时，媒体报道一定要以执法部门或司法部门的口径进行报道。"范玉吉分析称。

媒体要有基本的价值观

明明是客观呈现事实的报道，为何引发争议？就唐山烧烤店打人事件而言，关键是个别媒体缺乏基本的价值观，陷入绝对的新闻客观主义的"窠臼"中无法自拔。

媒体的价值观，就是媒体应当秉持的价值理念和职业操守。有网友感慨，唐山烧烤店打人事件是所有女性的噩梦，但媒体缺乏正确的价值观是公众的噩梦。

正如孙钱斌所指出，在新闻实践中，绝对的客观主义是不存在的。我们不能预设立场，也不能没有立场。通过基于事实的价值观照，事实判断和价值判断应该而且可以实现有机统一。而这里所说事实也应该是本质、全面的事实。

经济观察报副总编辑郭宏超认为，唐山烧烤店打人事件，作为一起恶性施暴案件，基本事实已经通过监控视频进行了基本的呈现。媒体当然有责任进一步了解事情更多的真相，但是也应该谴责这种恶性施暴行为，要传递给公众的是，这种行为是全社会都不可接受的，是要受到法律、道德、舆论惩罚的！不能让这种行为有任何可以存在的空间！更不能用起因、事由甚至当事人的挖掘描述来弱化施暴这一行为本身的恶劣！媒体看待事实必须客观，但价值评判上不可中立。一些媒体之所以出现冷冰冰的报道表述，是担心新闻反转，而且深受新闻客观主义教条影响。

某央媒内容负责人指出，某些媒体的报道看似客观，实则冷血，也不排除文字表达能力不过关的可能。记者需要有是非之心、同理心，不管加害方还是受害方，在报道中都"一视同仁"，这本身就违背了基本的道德和文明在法制之外的情和理。语言是有感情色彩的，用词本身也是立场表达，读它的人会有情感反应。媒体在报道事实的同时，不能丢了基本的价值观。

媒体人首先是"人",其次才是记者。媒体也并不是一台台冷冰冰的机器,背后承载的是对是非曲直、忠奸善恶的基本判断与尊重。在唐山烧烤店打人事件中,媒体的基本价值观主要体现在要有同理心。

"如果对于邪恶只有冷漠,而没有愤怒,那么正义也就失去了感性的基础。"中国政法大学教授罗翔撰文评述唐山烧烤店打人事件时这样写道。

李晓鹏认为,"无论是作者还是读者,首先是一个人,而人是处于同一个命运共同体当中,共同体在相似的基本问题上,比如说对待老人、妇女、儿童等群体方面,有着天然的同情心、同理心,一般情况下的报道也都会倾向于他们。一群膀大腰圆、身高体壮的大老爷们,对几个弱小女子大打出手,应该同情哪一方就是个常识问题。对显而易见的恶,如果不表达出强烈的反对,就是一种纵容"。

媒体的价值观,不仅代表着媒体的立场,它还肩负着引导公众树立正确价值观的社会责任,在某种程度上影响着社会价值取向。一旦媒体的价值观出现偏离,不仅会对自身产生负面影响,还可能对公众的价值观和社会舆论的形成产生潜移默化的影响。因此,我们建议媒体,在新闻事件中坚持正确的价值判断标准,与国家和社会的价值判断保持一致,切忌价值观"打摆子"。

传媒实操小红书·
不可不知的采编小技巧

精选留言

杜昌华（杜具只眼）：

报道要真实客观理性，这符合职业规范；如果事件的性质很明显，媒体放弃认知责任和价值判断，又是另外一种不真实不客观了。连社会平均的认知能力都达不到，这样的客观是冷血，除了挑逗大众情绪，又有什么价值？

公子不抽烟：

尊重事实很重要，表达和判断事实的能力更重要。客观不是价值观上的旁观。

东方一朔牟德鸿：

要寓立场于最大限度的客观表述中，同时也要规避新闻审判之嫌，这需要高超的新闻素养和深厚的文字功底。这虽然很难，但是必须做到。所以说，新闻这个职业的门槛是很高的，并非随随便便什么人都能胜任。

朱昱行：

李普曼非常明确：客观是一种方法，而不是原则，新闻人也不被要求要客观，甚至都不被要求中立。科瓦齐和罗森斯蒂尔在《新闻的十大基本原则》里列举的新闻的十大原则，是在广泛的社会调查基础上形成的，可以说反映了业界、学界和受众的共识。在这些原则里，并没有客观和中立。同样，1996年，美国职业新闻记者协会在修订其伦理守则时，删除了客观。无论从起源上看还是从随后的实践中看，客观指的是方法，而不是使用方法的新闻人，是技巧而不是目的。

——《新闻业的救赎》

清禾：

也许这个世界可以有光明，但只有当真正的"人"这个群体变得强大，才能为向往光明的人争取更平安和谐的社会。这就是我们生而为人，就算走过黑暗、穿过噩梦、看见不堪，也要不断努力前行的原因。没有哪一个时代没有阴暗的角落，但没有一个"人"没有捍卫光明的权利。如果所有人都"选择性失明"，那这个社会将堕落成什么样子。类似唐山的犯罪事件又何止一件两件，人教版教材问题背后的教育系统问题又何止一个人两个人需要肃清。公众愤怒也许并不能用舆论引导量刑，但这是公众相信"法治"、捍卫光明的声音！

阿青：

在警方未表态之前，媒体确实需要谨慎选择用词，这点并无错误，毕竟媒体不能代替审判，视频证据也不能代替事实认定。媒体由于其广泛传播性，在摆出立场上更需要慎重，毕竟第一手资料到最后如何认定，在时间紧张的第一次传播时尚是未知数，如果直接把观点给扔出去了，万一（并非说这次）在之后出现反转，媒体的公信力将大幅下降，这在之前不是没有先例。

$e^{i\pi}+1$：

我认为两者可以兼得，媒体首先应该保证的是事件的准确性，在此基础之上，可以表达自己的立场。呈现在多数公众眼中的仅仅是记者的作品，如果在事实报道中添加太多的立场词语，会给事实增加太多噪音。但如果仅仅报道事实而不传达立场，那么媒体也就失去了它的主要作用。最后想说的是，公众有权利知道真相和表达立场，媒体也有权利表达自己的立场，但媒体的立场不应该成为思想滤镜而左右公众的思想。

后记　价值观指引我们坚实前行

刘灿国

中国经济传媒协会副会长、传媒茶话会创始人

　　2022年2月初，传媒茶话会刚过完五周岁生日不久，人民日报出版社第二编辑中心林薇主任和梁雪云编辑找到我，问我是否有意向将传媒茶话会创办至今的原创文章结集出版。我思考了几天，欣然答应了她们的提议，我认为是时候让传媒茶话会的内容走向更广阔的市场，服务更多的新闻宣传工作者了，于是便有了这三册书。

　　从2017年1月17日创办至今，传媒茶话会的粉丝数和影响力一直稳步增长，成长为目前在新闻业界和学界都有一定影响力的传媒研究公众号，这背后支撑我们的并不是雄厚的资金，或者神通广大的人脉，而是从创立之初一直坚守至今的价值观。

　　在这里，我也想和大家分享一下传媒茶话会创办至今一直坚守的价值观——让媒体人更有尊严、与媒体共同向善、坚持改革开放。是它，鼓舞我们坚实前行。

　　让媒体人更有尊严，是传媒茶话会价值观的第一组成部

后记 价值观指引我们坚实前行

分,也是我们的立身之本。

用内容引领做法是让媒体人更有尊严的有效办法之一。

预见、权威、影响是我们的slogan(口号),也是我们以内容引领媒体的三个衡量指标。

预见,就是预先看见趋势和风险。

如果媒体是一艘航行在大海上的船,那么传媒茶话会就在努力成为船头的瞭望者,期望通过我们的文章帮大家避开报道中的险滩暗礁。

《"新中国成立70周年",这18种不规范表述请注意》《媒体人必读:"一带一路"报道中这些雷区千万不要碰》《庆祝建党100周年!新闻报道这8大事项一定注意》《独家|二十大报告中这些规范表述,媒体人千万别用错》,这些耳熟能详的文章总在重要节点前为媒体厘清概念,为其报道专业化提供参考。

权威,就是不追流量,只求专业。

《唐山打人事件是女性的噩梦,报道缺乏正确价值观是公众的噩梦》《地摊经济大火,新闻报道别跑偏》《红黄蓝幼儿园"虐童"报道,这些事,媒体人必须注意!》……这些报道的特点在于:一是触及主流媒体所关注的难点和痛点;二是对话的对象要么是业内大咖,要么是学界专家;三是呈现的观点尽可能有现实针对性和指导性。

影响,就是影响有影响力的人。

传媒茶话会微信公众号本身就是建立在社群的基础之上的。目前,我们拥有3个媒体高层交流群、1个退休媒体高层交流群、3个媒体中层交流群、61个粉丝交流群。由于我们的社群纯度很高，且有很多媒体和学界中高层粉丝，也都比较活跃，业界公认我们为"金粉公号"和"头部大号"。

与媒体共同向善是传媒茶话会价值观的第二组成部分。

记者笔下有人命关天。新闻舆论工作是把双刃剑，用得好可为生民立命，用不好则可能造成二次伤害。

因此，作为新闻业务研究公众号，我们主张媒体报道向善，要流量更要正能量。2022年3月21日下午，东航一架载有132人的飞机在广西藤县坠毁，伤亡不明。当中国民航局正派出工作组赶赴现场，具体伤亡情况和事故原因都还有待调查的时候，有个别商业媒体情绪化地带节奏，错误引导舆论。

我们发现这种不良苗头后，当即发布评论《东航空难！伤亡和原因不明！警惕部分自媒体误导舆论》，指出媒体在报道时，要客观理性分析，警惕无缘由地发布臆测和误导公众的内容，及时辟谣，同时尽量做到快报事实，在事实的基础上，循序渐进推动报道节奏。

2022年5月3日，很多媒体都在客户端推送了《杭州市国安局对马某依法采取刑事强制措施》。杭州、马某，这些关键词让人联想到了某马姓知名人士，舆情和各种猜测瞬间发酵。

我们敏感意识到媒体这种化名方式不妥，当即发出《杭州马某被抓？使用化名要避免误解、猜测》一文，指出：新闻报道使用化名应遵守避免造成误解、猜测的重要原则。

坚持改革开放是我国的基本国策，也是传媒茶话会价值观的第三组成部分。

我们一直提倡并呼吁媒体，在报道中坚持改革开放，为我

后记 价值观指引我们坚实前行

国的经济发展助力；坚持以客观、公正、中立态度报道民营企业和外企，不要为了迎合部分公众需求而发布偏颇的信息。

2022年2月中旬，"星巴克驱赶门口吃盒饭民警"持续引发公众热议，一些媒体尤其自媒体的报道已经偏离了新闻客观、公正的原则。

在星巴克道歉后，公众的情绪仍旧没有得到安抚，2月16日，涉事星巴克门口，被摆上白花，还被扔了一地鸡蛋，甚至有网友在网上发起抵制星巴克的行动。

我们发布《星巴克被送冥币、扔鸡蛋！媒体应正确引导网民情绪》，文章建议媒体在面对类似星巴克的事件时，要警惕非理性的网民情绪，避免被其裹挟，同时，还应积极主动疏导。另外，我们还提出，一些外企对华态度相对友善，在协调中国国际关系层面或将起到重要的润滑剂作用，这正是坚定不移扩大对外开放的题中应有之义。

此外，我们一直呼吁媒体对企业要带着善意，准确监督、科学监督、依法监督、建设性监督。

早在2018年，我们就发布了《"啄木鸟"式舆论监督是新闻业界良心》。文章指出，舆论监督要以客观事实和真实数据作为报道基础，舆论监督是疏导不是添堵。尤其是，它要像啄木鸟一样，啄一棵树里的害虫，不是为了把树击倒，而是让其健康生长，这才是我们新闻业界的良心。

大鹏之动，非一羽之轻也；骐骥之速，非一足之力也。传媒茶话会发展至今离不开一直给予我们支持、指导和关爱的主管部门和相关领导，离不开和我们分享观点、给我们建议的诸位媒体大咖和学界专家,离不开一路相随的35万多粉丝,离不开曾经为传媒茶话会付出过心血的小伙伴们,当然更离不开一直坚守在传媒茶话会的同事们,是我们共同的努力成就了传媒茶话会的品牌。

行笔至此,仿佛一位老父亲在向亲友介绍夸奖自己的孩子,难免给人一种自卖自夸之感,但确实是肺腑之言。文章中,有些观点如有偏颇,还望大家海涵。

牛顿说,"如果说我看得比别人更远些,那是因为我站在巨人的肩膀上",我们不敢奢望书中的案例能有巨人肩膀般的高度,令读者的视野豁然开朗,但我们努力让每一个案例成为读者探索新领域的垫脚石,哪怕增加一寸的高度,那便是我们文章的意义所在。

未来,传媒茶话会将继续致力于做行业的朋友,坚守我们的价值观,做长期主义者,等待时光的馈赠。

大咖推介

1. 第二届范长江新闻奖获得者、人民日报海外版原总编辑　詹国枢

《采编小技巧》《避雷小建议》《爆款小经验》——传媒茶话会编写的"传媒实操小红书"系列图书（三册），只看这书名，就相当吸引人！这样的书，对于媒体工作者，实用性极强，价值不会小。什么叫价值？满足需求，就是价值。能够如此有针对性地满足媒体记者需求，可见策划者是用心了。这三册小书，依老詹之见，大卖是必然的。

2. 第九届长江韬奋新闻奖（长江系列）获得者，南开大学新闻与传播学院院长、教授　刘亚东

这套"传媒实操小红书"系列图书（三册）汇集了传媒茶话会创办6年来的精品文章。常常翻阅这套书，对媒体人大有裨益。

3. 第十一届长江韬奋奖（韬奋系列）获得者、爱奇艺首席内容官　王晓晖

以往的传媒图书大多聚焦新闻采写、深度报道等某一个方面，而传媒茶话会出版的三册"小红书"将采编技巧、爆款经验、重大报道注意事项都纳入进来,拓宽了选题的维度,也拓宽了图书的读者群体。将抽象的知识和经验转化成书并不是易事,传媒茶话会交出了一张高于行业预期的答卷。

4.第十二届长江韬奋奖(韬奋系列)获得者、中央广播电视总台创新发展研究中心召集人　杨华

作为新闻行业领域的观察者,传媒茶话会一直关注媒体、媒介乃至传媒环境的变革与发展,创号6年之际推出这套精品力作,忠实记录下了一段行业发展历程,可以作为记者、编辑的案头书。

5.第十六届长江韬奋奖(长江系列)获得者,新民晚报社原党委书记、社长、总编辑　朱国顺

深入观察、专业权威,传媒茶话会从行业研究新媒体平台的定位出发,给传媒人奉上一套佳作。作品既保持了高度的新闻敏感,又体现出客观、审慎的态度,而这些正是新闻工作之要诀所在。

6.第十七届长江韬奋奖(长江系列)获得者,南方报业传媒集团党委书记、社长　黄常开

百篇文章、30余万字,全书总结了大量新闻工作者的实际需求,对重大报道、爆款秘诀等内容进行深入解读。书中的价值观和方法论非常严谨,对新闻工作中存在的共性问题给出了一定解决方案。

7. 中国经济传媒协会会长　赵健

传媒茶话会作为中国经济传媒协会主管的传媒研究公众号，创办6年，其命维新，始终以互联网思维紧盯媒体融合发展，围绕行业痛点、堵点、难点，研究采编、经营、融合新趋势，沉淀下一批有流量、有口碑的佳作。此次传媒茶话会将部分精品集结成书，既是对微信公众号新传播方式服务传媒研究的一次阶段性回顾，更是对媒体融合发展新经验、新探索的一次集中展示。凡是过往，皆为序章，祝愿传媒茶话会以终为始，开启下一个、再下一个6年。

8.《新华每日电讯》总编辑　方立新

"传媒实操小红书"聚焦媒体发展、新闻业务中的实际问题，具有很强的问题意识和指导性。值得收藏、细细品读。

9. 中国新闻出版传媒集团党委书记、董事长　马国仓

话题切合实际、内容全是干货、读后大有收获。由传媒茶话会主编、人民日报出版社出版的这套书，内容紧紧围绕采编、融合、经营等当下媒体实用议题，具有很强的业务指导性和工作针对性，是媒体工作者日常必备的案头书、业务学习的"加油站"。

10. 央广传媒集团有限公司党委书记、董事长、总经理　王跃进

这三册"小红书"是传媒茶话会过去6年精品力作的凝结

和转化，书中每一篇文章都是被验证可行的方法论，对新闻工作大有裨益，建议传媒从业者有时间读一读。

11.陕西广电融媒体集团党委书记、董事长、台长　刘兵

为媒体采编业务排坑、避雷，分享打造爆款内容、产品的方法。"传媒实操小红书"切中融媒特点，兼具理论性与实用性，案例丰富、翔实，具有借鉴性。媒体人读之，必能有收获、有启发。

12.四川日报报业集团党委副书记、总编辑　李鹏

"预见""权威""影响"是传媒茶话会的slogan，这六个字在三册"传媒小红书"的内容上得到了最生动的体现。长期关注行业才能够及时洞察行业需求，进而预见行业发展，权威和影响力也顺势而来。预祝传媒茶话会首套作品大卖！

13.新京报社党委书记、社长　刘军胜

实用的采编技巧、宝贵的爆款经验、真诚的避雷建议，三本"小红书"在对标媒体工作实际需求的同时，紧跟新时代新闻宣传工作的具体要求，将理论与实践紧密联系，对优质作品不吝褒奖，对存在的问题直言不讳。真心推荐业内人士研读借鉴，值得收藏！

14.深圳报业集团党组书记、社长　丁时照

"读天下书知天下事，读万卷书行万里路。"知晓、学习、

提高新闻业务那些事，深入调研、走基层，锻炼"四力"，不得不读传媒茶话会出版的这三本"小红书"，它们实用，有启发性，有实操性。

15. 中国社会科学院新闻与传播研究所所长、中国社会科学院大学新闻传播学院院长　胡正荣

在融合传播环境下，"酒香也怕巷子深"，主流媒体要实现精准传播、有效传播，打造出爆款产品，必须丰富产品的形态。《不容错过的爆款小经验》从主流媒体对新技术、新表达方式、新传播方式的探索和应用角度出发，拆解了众多爆款产品的成功之道，为主流媒体在融合传播格局下实现有效传播提供了重要的参考。

16. 复旦大学新闻学院院长、《新闻大学》主编　张涛甫

由于自媒体、新媒体的参与，舆论场愈显复杂。众声喧哗之中，需要主流媒体提升"四力"，及时做判断、定调子，发挥主动权，做社会的引领者。而如何把握其中的时、度、效，则是对主流媒体的专业性的检验。"传媒实操小红书"提供了丰富的媒体实践案例，既有总结，又有反思，可作为媒体人的案头书。

17. 清华大学新闻与传播学院院长、教授　周庆安

开卷有益，开好卷是获益的前提。传媒茶话会博采传媒业务研究文章之众长，密切关注传媒研究前沿热点，优选与传媒

业务相关的精品文章以飨读者，让书香四溢，打造媒体人的精神家园。

18. 北京大学新闻与传播学院院长　陈刚

"腹有诗书气自华，胸藏文墨怀若谷。"传媒茶话会出版的这套书，为提高新闻采写能力提供了有效方法，为媒体推进融合提供了重要借鉴，读者读完必能有所收获。

19. 广西大学特聘君武荣誉教授，中国人民大学新闻学院教授、博士生导师，教育部社会科学委员会委员兼新闻传播学科召集人　郑保卫

新闻是一个需要靠理想、激情和热血去为之奋斗的行业。唯有真心热爱，才能初心不改；唯有心存敬畏，才能甘愿奉献。传媒茶话会是全国媒体人看着成长起来的公众号。多年来，传媒茶话会同无数新闻人一样一直坚守着新闻理想与情怀，保持着对新闻的热爱和敬畏，坚持真诚为媒体人服务，提供及时工作建议与指导，成为大家离不开的业务交流与沟通平台。

如今，三本业务指导书的出版应该是茶话会成长过程中的一个里程碑，将会使更多媒体人受益。

20. 清华大学新闻与传播学院教授、博士生导师，《全球传媒学刊》执行主编　陈昌凤

观察剖析业界动态，指导鼓励媒体前行。传媒茶话会开创

了一个宝贵的专业性平台，为很多媒体人指引领域方向，其中集萃的传媒大咖观点，凝练的媒体实操经验，裨益很多媒体人。这是一套入行必看的书，相信借助这套"传媒实操小红书"，年轻的记者编辑能快速成长起来、担当起来，成为符合时代需求的新闻工作者。

21. 中央民族大学新闻与传播学院特聘院长、教育部大数据与国家传播战略实验室主任　张昆

不虚言、唯实唯用是我对传媒茶话会的直观感受，也是"传媒实操小红书"的风格特色。这套实用的媒体工具书，针对不同问题，提出了很多短、平、快的实操方案，简单好理解，轻松易上手。

22. 兰州大学新闻与传播学院院长　冯诚

热度与深度兼容、幽默与严谨同在！作为"茶茶"的老朋友，很喜欢它的推文时效和行文风格。读这套书就好像和一位新闻界的老友聊天，对话中就能获取学界、业界关于热点事件的睿智观察和实操方法。

23. 重庆大学新闻学院院长、重庆大学数字媒体与传播研究院主任　董天策

观传媒热点，寻爆款之法。这套"新闻工具书"用丰富的传播案例和专家的深入分析，帮你答疑解惑，处理实际问题，提高新闻"功力"。

24. 中国人民大学教授、博士生导师　宋建武

这些作品生于实践，长于思考，由术及理，充分展现了新闻界所面临的热点、难点问题，并给出了专业性强、可操作的应对之法。

25. 中国社会科学院新媒体研究中心副主任　黄楚新

这套书涵盖避雷建议、爆款经验、采编技巧三方面，能实实在在帮助媒体人解决现实问题。"传媒实操小红书"不仅对传媒茶话会的文章进行了精心分类，还增加了读者的精彩点评与互动内容。不仅能让读者学到实操技能和实用方法，同时，由于其编排精细，看的过程也轻松、有趣。